Messelust statt Messefrust
... damit sich Ihr Auftritt wirklich lohnt:
50 praktische Tipps für Ihren Erfolg auf einer regionalen Verbraucher-Ausstellung

Impressum

Deutsche Erstausgabe
Januar 2014
ISBN-13: 978-1496087980
ISBN-10: 1496087984

Copyright 2014 © Christine Radwan

Christine Radwan
Eichenweg 5
D - 82237 Wörthsee
www.messe-kommunikation-radwan.de
Tel.: 08153 / 99 06 37
E-Mail: c.radwan@mk-radwan.de

Umschlaggestaltung: Brigitte Gabler, www.gd-gabler.de
Umschlag-Bild: www.fotolia.de (Nr. 51237157)
Schrift: Trebuchet MS

Alle Rechte, einschließlich das des vollständigen oder auszugsweisen Nachdrucks in jeglicher Form sind vorbehalten. Dies gilt ebenso für das Recht der mechanischen, elektronischer oder fotografischen Vervielfältigung und der Einspeicherung und Verarbeitung in elektronischen Systemen.

Dieses Taschenbuch ist in der Deutschen Nationalbibliothek verzeichnet.

Messelust statt Messefrust

… damit sich Ihr Auftritt wirklich lohnt:

50 praktische Tipps für Ihren Erfolg auf einer regionalen Verbraucher-Ausstellung

von

Christine Radwan

Inhaltsverzeichnis:

Vorwort

1. Das Fundament = **Ihre Messe-Ziele** 7
1.1 Quantitative Ziele 10
1.2 Qualitative Ziele 13
1.2.1 Der Imagegewinn 13
1.2.2 Die USP-Darstellung 13
1.2.3 Die Kundenbindung 14
1.2.4 Marktforschung 14
1.2.5 Neue Mitarbeiter finden 14
1.2.6 Kontakte zu den Mit-Ausstellern 15
1.3. Warum gehen Menschen überhaupt auf eine Messe? 16
1.3.1 Informationssammlung und Vergleich 16
1.3.2 Neue Produkte, neue Erfahrungen 17
1.3.3 Den Menschen „hinter dem Angebot" kennen lernen 18
1.3.4 Etwas anfassen, etwas ausprobieren dürfen 19
1.3.5 Ein paar nette Stunden verbringen 20

2. **Die Messe-Einladung:**
Laden Sie sich Ihre Wunschkunden an den Stand! 22
2.1 Wer ist Ihr Wunschkunde 22
2.2 Wen Sie einladen 24
2.3 Wie Sie einladen – inhaltlich 26
2.4 Wie Sie einladen – auf welchem Weg 26
2.5 Gute Gründe, Sie am Stand zu besuchen 27
2.6 Einladungstexte 29
2.7 Die Pressemeldung als Einladung zu Ihrem Messe-Stand (Exkurs) 32
2.7.1 Tipps zum Schreiben einer Pressemeldung 34

3. **Ihr Messe-Stand:** Wie Sie Ihre Wunschkunden magisch anziehen ... 36
3.1 So werden Sie konkret 38
3.2 Die Umsetzung („Eyecatcher") 39
3.2.1 Allgemeine Beispiele, was es bei Ihnen am Stand geben könnte . 40
3.3 Weitere Tipps für Ihren Messestand 41
3.3.1 Keine sichtbaren „Krusch-Ecken" 41
3.3.2 Wenig Text zum Lesen auf Ihren Bannern 41
3.3.3 Konzentration auf ein (1) Highlight 42

3.3.4 Passen Sie (bzw. die Mitarbeiter) optisch zum Stand und zum Angebot? 44
3.3.5 Was können Sie Ihre Stand-Besucher tun lassen, um sie einzubeziehen? 45
3.3.6 Haben Sie ein Stand-Motto, das es dem Besucher leichter macht, Ihren USP zu erkennen? 46

4. Die Standpräsenz – So führen Sie erfolgreiche Messe-Gespräche ... 49
4.1 Der erste Satz 49
4.1.1 Der allgemeine Begrüßungs-Satz 50
4.1.2 Der individuelle Satz 52
4.1.3 Die Aufforderung, etwas zu tun 53
4.2 Zielführende Messe-Gespräche 54
4.2.1 Zuhören 55
4.2.2 Machen Sie aus guten Argumenten konkreten Nutzen 57
4.2.3 Abschließende Fragen 58
4.2.4 Kritische Fragen 60
4.2.5 Wertschecks – damit Sie sich auch nach der Messe erinnern 61
4.2.6 Was Sie beim Gespräch am Messestand <u>nicht</u> tun sollten 62
4.2.7 Was Sie am Messestand generell nicht machen sollte 64
4.2.8 Letzte Tipps 65

5. Ernte-Zeit - **Die Messe-Nacharbeit** 67

Vorwort

Herzlich Willkommen!

Ich heiße Christine Radwan, bin Expertin für Kommunikation und möchte Ihnen Lust machen:
Lust auf Messe!

Ursprünglich komme ich aus der PR-Branche, war zwischen 2003 und 2009 Mit-Veranstalterin bei den „Märkten der Vielfalt", ich bin Autorin des Praxishandbuchs „Einfach machen!" und unter anderem Referentin bei der IHK und dem BDS zum Thema „Messe-Erfolg".
In diesem kompakten Handbuch erfahren Sie, was Sie tun können, damit sich Ihr Messestand auf der nächsten Gewerbeschau auch wirklich lohnt:

- Welche Möglichkeiten und Chancen Sie als Aussteller haben
- Wie Sie Neukunden gewinnen können
- Und vor allem, wie Sie sich positiv von Ihren Mitbewerbern abheben.

Allerdings sind das natürlich auch Herausforderungen!
Lassen Sie es uns gemeinsam angehen!

Im nachfolgenden schreibe ich der Einfachheit halber immer „Messe"; gemeint sind damit regionale Veranstaltungen für Verbraucher (Endkunden): Regionale Verkaufsausstellungen für Privatpersonen, also Gewerbeschauen, Leistungsschauen, Themenmessen, Tage der offenen Tür etc.

1. Das Fundament = Ihre Messe-Ziele

„Nur wenn Sie wissen, wo Sie hinwollen, können Sie hinterher auch sagen, ob Sie angekommen sind!"

Das klingt banal? Stimmt. Trotzdem habe ich immer wieder erlebt, dass Aussteller ohne konkrete Ziele an ihrem Messestand standen: „Das seh' ich dann schon, was es mir bringt."

Doch wenn Sie nicht wissen, was Sie mit Ihrem Messeauftritt konkret erreichen wollen, können Sie nach der Messe auch nicht sagen, ob sich „das" nun eigentlich gelohnt hat: Die Mühe, die Zeit, ganz zu schweigen von den nicht unerheblichen Standkosten ….

Ganz abgesehen davon, dass sich auch Ihr Messe-Auftritt verändert, je nachdem, was Sie damit erreichen wollen:

- Wenn es Ihnen um die Präsentation eines neuen Produktes geht, werden Sie dieses Produkt zeigen, das dazu passende Informationsmaterial dabei haben, Ihr Gewinnspiel darauf abstimmen.
- Möchten Sie sich mit Ihrem Messestand jedoch in einer neuen Region erst einmal bekannt machen – dann geht es bei Ihnen wahrscheinlich darum, Ihre Kompetenz zu zeigen. Wie hochwertig Ihre Qualität ist. Und was Sie anders machen – als andere Anbieter.

Je nach Ihren Messezielen wird sich auch ändern, wer Ihr „Wunschkunde" ist und wen Sie darum unter den Messebesuchern gezielt ansprechen werden.

Ganz zu schweigen davon, dass Messeziele, die Sie sich bewusst setzen, noch andere Auswirkungen haben. Zum Beispiel, wie viele Einladungen Sie wem schicken oder die Erkenntnis, dass Sie personelle Unterstützung am Messestand brauchen.

Aber lassen Sie uns konkret werden!

Aufgabe-zum-Tun

Bitte schreiben Sie auf, wie Sie sich, Ihr Unternehmen und Ihr Angebot in zwei bis drei Sätzen einem unbekannten Menschen vorstellen.

Sie kennen sicher den Begriff „elevator pitch": Stellen Sie sich vor, Sie stehen in einem Aufzug. Mit in der Kabine steht ein potentieller Kunde von Ihnen. Sie haben nun circa 30 Sekunden Zeit, sich diesem Menschen kurz vorzustellen. Optimalerweise so, dass der potentielle Kunde dann sagt, wenn der Aufzug hält: „Ja, das klingt interessant für mich! Darüber würde ich gerne mehr erfahren!".

Wie lautet Ihr „elevator pitch"?

Aufgabe-zum-Tun:

Bitte sprechen Sie Ihren „elevator-pitch" laut aus. Klingt er gut? Können Sie ihn sich merken? Oder sind die Sätze zu lang, zu verschachtelt? Oder enthält er ein Wort, über das Ihre Zunge stolpert? Dann formulieren Sie ihn einfach nochmal um.

Aufgabe-zum-Tun:

Und jetzt sagen Sie Ihren „elevator pitch" zu jemandem, der Sie und Ihr Unternehmen nicht kennt. Das kann jemand sein aus Ihrem Fitnessclub, ein Taxifahrer, jemand im Biergarten. Völlig egal. Und dann fragen Sie nach, was von Ihrem „elevator pitch" beim Gegenüber hängen geblieben ist. Was er sich gemerkt hat. Welchen Eindruck er von Ihnen und Ihrem Angebot bekommen hat.

Und, ist es so, wie Sie es wollen? Denn entscheidend ist nur das, was beim anderen ankommt. Was hängenbleibt. Woran er sich erinnert. Ob das ein Biergarten-Tisch-Nachbar ist, ein potentieller Kunde in einem Aufzug oder ein Messebesucher.

Tipps zum „elevator pitch"

„In der Kürze liegt die Würze" – je prägnanter Sie formulieren, desto besser. Gut, sprich: erinnerungswürdig sind Formulierungen, die witzig sind, die kreativ sind, die „anders" sind. Gut sind auch Formulierungen, die Emotionen transportieren, die „authentisch" sind.

Beispiel:

„Ich heiße Wolfgang Müller und bin Maler. Ich streiche Hauswände außen genauso an wie Zimmerwände innen. Bei mir sind Sie in besten Händen"! (*Weniger gut*)

Besser wäre: „Ich bin der Malermeister Müller, Wolfgang Müller aus Wolfratshausen. Bei mir bekommen nicht nur Hausfassaden ein neues Gesicht sondern auch Innenwände. Durch meine patentierte Farbberatung bekommen Sie genau die Wohn-Atmosphäre, die Sie sich schon immer gewünscht haben."

Wenn Sie sich mit dem Thema „elevator pitch" und Neukunden-Gewinnung-in-wenigen-Sekunden" stärker beschäftigen möchten: Joachim Skambraks, http://www.intutraining.de/ unterstützt Sie gerne!

Doch wenden wir uns nach diesem kurzen Ausflug vom elevator pitch wieder Ihren Messe-Zielen zu. Denn auch erst, wenn Sie wissen, wie und womit Sie sich auf einer bestimmten Messe präsentieren wollen, erst dann können Sie einen genau dafür passenden „Messe-elevator-pitch" formulieren. Also den Satz, den ein Messebesucher, der an Ihren Stand kommt, als erstes zu hören bekommt. Den sogenannten „Individuellen Satz" – mehr dazu finden Sie darüber im 4. Kapitel „Stand-Präsenz".

1.1 Quantitative Ziele

Lassen Sie uns hier nun zwischen verschiedenen Messe-Zielen unterscheiden. Am einfachsten, da am naheliegendsten, sind sicherlich die quantitativen Ziele. Also die messbaren Vertriebsziele. Hierzu gehört der Umsatz, die Anzahl der Aufträge, die Besucherzahlen, wie viele Neukunden konnten gewonnen werden, wie viele Angebote wurden geschrieben, wie viele Termine für Gespräche-vor-Ort wurden während der Messe vereinbart. Und so weiter.

Wichtige Ziele, schließlich kostet ein Messeauftritt auch eine Menge Geld!

Wichtig ist dabei aber auch, dass Sie bei diesen quantitativen Messezielen sich überlegen, und zwar **ganz konkret**, wie viel jeweils durch den Messeauftritt erreicht werden soll.

Also nicht nur: „Ich will neue Kunden gewinnen", sondern, ganz konkret: „Ich will durch diesen Messeauftritt 10 neue Kunden gewinnen!".

Also nicht nur: „Ich will mehr Umsatz generieren", sondern, ganz konkret: „Ich will durch diesen Messeauftritt 20.000,- Euro Umsatz innerhalb des nächsten halben Jahres generieren".

Sie merken schon, dass zwischen einem unspezifischen Messeziel („mehr Umsatz") und einem konkreten Messeziel (20.000,- Euro) ein deutlicher Unterschied besteht.

Ein konkretes Messeziel setzt Maßstäbe, es will erreicht werden, es spornt an. Und es macht Ihnen als Aussteller auch klar, dass Sie, um dieses konkrete Ziel zu erreichen, etwas dafür tun müssen.

Was Sie alles tun können, um solche konkreten, quantitativen Messeziele tatsächlich zu erreichen – das erfahren Sie in den folgenden Kapiteln.

Was bedeuten solche konkreten Ziele, welche **Auswirkungen** haben sie?

Ein Beispiel:

Sie möchten durch einen Messestand auf einer zweitägigen Gewerbeschau fünf Neukunden gewinnen, mit denen Sie innerhalb von sechs Monaten einen Umsatz von 15.000,- Euro erzielen.

Aus Ihrer Erfahrung wissen Sie, dass Sie, um einen Neukunden zu gewinnen, im Durchschnitt drei Angebote schreiben müssen. Um ein Angebot schreiben zu können, brauchen Sie einen Vor-Ort-Termin, das heißt, einen potentiellen Kunden, der konkret interessiert ist und bereit, Ihnen auch seine Adresse + seine Zeit zu geben. Im Durchschnitt braucht es 10 - 15 Erst-Gespräche auf einer Messe, um aus den Standbesuchern die herauszufiltern, die so konkret interessiert sind, dass sie einen Vor-Ort-Termin ausmachen.

Das bedeutet also:

Für fünf Neukunden müssen Sie auf einer zweitägigen Messe also ca. 150 - 225 Gespräche führen! Wenn die Messe pro Tag acht Stunden dauert, man Pausen und Leerzeiten abzieht, bleiben pro Tag noch circa sechs Stunden „Gesprächszeit".

200 Gespräche in 12 Stunden würde bedeuten, dass jedes Gespräch nur 3,6 Minuten dauern darf! Das ist für eine Person gar nicht zu schaffen!

Fazit 1: Wenn Sie Ihr Ziel von fünf Neukunden erreichen wollen, müssen mindestens zwei bis drei Personen am Stand sein und mit Messebesuchern reden können.
Fazit 2: Ihr Stand muss groß genug sein für all diese Gespräche.
Fazit 3: Mit welchem Ihrer Produkte oder Dienstleistungen ist dieses quantitative Ziel am ehesten zu erreichen?

Mögliche konkrete <u>quantitative</u> Messeziele:

- Wie viele interessierte Messebesucher wünschen Sie sich an Ihrem Stand?
- Wie viele Produkte wollen Sie auf der Messe verkaufen?
- Wie viele Adressen von Interessierten wollen Sie sammeln?

- Wie viele Neukunden möchten Sie bekommen, innerhalb von 6 – 12 Monaten?
- Mit welchen Produkten bzw. Dienstleistungen?
- Welchen Umsatz wollen Sie erreichen – während der Messe / innerhalb von 6 Monaten / 12 Monaten?

Aufgabe zum Tun:

Setzen Sie sich zu den jeweiligen Punkten konkrete Ziele – und überlegen Sie, wie Sie diese Ziele am besten erreichen können.

Dazu folgende Stichworte:

- **Messebesucher**: Was können Sie selbst tun, damit viele Ihrer Wunschkunden wissen, dass Sie ausstellen und Sie auch tatsächlich am Stand besuchen? (*Vgl. dazu auch das 2. Kapitel „Einladung"*).

- **Produktverkauf**: Ist es sinnvoll, alle Ihre Produkte auf der Messe zu präsentieren? (*Vgl. dazu auch das 3. Kapitel „Messe-Stand"*)

- **Adress-Sammlung**: Was können Sie „zum Tausch" anbieten, damit Ihnen jemand seine Adresse gibt? (*Vgl. dazu auch das 3. Kapitel „Messe-Stand"*)

- **Umsatz binnen 6 - 12 Monaten**: Wie bleiben Sie nach der Messe in Kontakt mit den Interessierten? (*Vgl. dazu auch das 5. Kapitel „Erntezeit"*).

1.2 Qualitative Ziele

Mindestens genauso wichtig ist jedoch, dass Sie mit Ihrem Messe-Auftritt vor allem <u>qualitative</u> Ziele erreichen können! Ziele, die sich zwar nicht 1:1 in Zahlen messen lassen, die jedoch für Ihren weiteren Umsatz ausschlaggebend sein können:

1.2.1 Der Imagegewinn:

Durch einen Auftritt auf einer Messe „zeigen" Sie sich, Sie können sich abheben vom anonymen Mitbewerb (aus dem Internet und Anzeigen). Sie haben die Chance, sich **eindeutig zu positionieren**, sich bekannt und erlebbar zu machen.

1.2.2 Die USP-Darstellung

Sicherlich gibt es das, was Sie haben, auch von anderen Anbietern. Im Internet genauso wie in Ihrer Region. Fast nichts gibt es nur ein einziges Mal.

Doch ich bin sicher: Irgendetwas machen Sie anders als Ihre Mitbewerber. Irgendetwas leistet Ihr Angebot, leisten Sie, was andere nicht machen. Irgendetwas zeichnet Sie und Ihr Angebot aus, macht Sie besonders.

Und genau das können – und <u>müssen</u>! – Sie auf der Messe zeigen. **Das, was Sie abhebt und einzigartig macht.**

Sie wissen nicht, was Sie einzigartig macht? Dann fragen Sie doch mal Ihre Kunden, warum sie bei Ihnen kaufen, obwohl es noch andere Anbieter gibt! Rufen Sie einfach fünf bis sechs Ihrer „Lieblingskunden" an und fragen Sie sie. Sie werden überrascht sein, wie gerne Menschen Ihnen ihre Meinung sagen!

Wahrscheinlich gibt es sogar mehrere Gründe, die Sie dann zu hören bekommen – umso besser! Und wenn Sie schon dabei sind, mit Ihren Kunden darüber zu reden: Vielleicht geben die Ihnen ihre Meinung auch „schriftlich", als „Referenz"? (Die Sie dann auf Ihrer Homepage veröffentlichen dürfen).

1.2.3 Die Kundenbindung

Sie haben eine große Kundendatei, aber eigentlich sind das vor allem **„Bestands-Kunden"**? Die schon lange nichts mehr bei Ihnen gekauft haben? Wunderbar! Denn eine Messe ist ein gute Gelegenheit, genau diese Kunden mal wieder einzuladen. Denn sicherlich hat sich seit deren letztem Kauf einiges bei Ihnen getan. Und auch wenn nicht, hier können Sie mal wieder ganz zwanglos „ins Gespräch" kommen, herausfinden, wie zufrieden diese Kunden sind, ob es neue oder andere Wünsche gibt etc. Und so ein Bestands-Kunde freut sich sicherlich, wenn Sie nicht nur ein Call-Center anrufen und die Zufriedenheit abfragen lassen, sondern wenn er eine persönliche Einladung auf ein Glas Prosecco bekommt. Oder ein neues Angebot speziell für ihn zum Einführungspreis.

1.2.4 Marktforschung

So, wie Sie Neues von Bestands-Kunden erfahren können, so können Sie auf einer Messe auch innerhalb kurzer Zeit herausfinden, wie Besucher **auf ein neues Angebot reagieren**. Welche Wünsche und Anforderungen damit verbunden sind. Und ob Sie ihr Angebot eventuell verändern müssen, damit Menschen es tatsächlich kaufen.

1.2.5 Neue Mitarbeiter finden

Sie möchten gerne interessierte und **engagierte Auszubildende** finden? Oder eine kompetente und nette Buchhalterin? Auf einer Messe ist auch das möglich – direkter, vorausschauender und individueller als lediglich mit einer Anzeige in der Tageszeitung.

1.2.6 Kontakte zu den Mit-Ausstellern

Ja, auch Mit-Aussteller können Bedarf haben an Ihrem Angebot und zu Ihren Kunden werden. Oder es kommt zu Kooperationen, zu Synergien. Zumindest könnten Ihre Standnachbarn zu Empfehlern werden. Wie Sie hier Kontakte knüpfen können, darüber lesen Sie mehr im 2. Kapitel „Messe-Einladung" und im 4. Kapitel „Stand-Präsenz". zu finden

Aufgabe zum Tun:

Überlegen Sie:

- Was macht Sie und Ihr Angebot anders als andere, die ähnlich sind? Warum soll sich jemand für Sie entscheiden – und nicht für einen Mitbewerber? **Was macht Sie und Ihr Angebot erstrebenswert und besser?** (*Vgl. dazu auch das 3. Kapitel „Messe-Stand".*)

- Welchen **Nutzen** hat Ihr Angebot? Welche Bedürfnisse und Wünsche Ihrer Kunden werden damit befriedigt? Auf welche Fragen haben Sie Antworten, welche Probleme lösen Sie?

- Welche **besonderen Angebote** haben Sie – eventuell schon im Vorfeld der Messe – für Ihre Mit-Aussteller? Lassen Sie sich etwas einfallen; mit diesen Menschen werden Sie einige Stunden verbringen! Je positiver Sie sich darstellen, desto besser!

1.3 Warum gehen Menschen überhaupt auf eine Verbraucherausstellung?

Damit Sie Ihre Messe-Ziele auch wirklich erreichen, ist es sinnvoll, zu überlegen, warum Menschen eigentlich auf eine Messe gehen. Denn nur, wenn Sie das wissen, können Sie dem Besucher das geben, was er sich wünscht. Und dabei Ihre Ziele erreichen!

Was meinen Sie, warum geht „Anneliese Krämer" auf die Fürstenfeldbrucker Gewerbeschau?

1.3.1 Informationssammlung und Vergleich

Sie kommt auf diese Verkaufsausstellung, um Produkte oder Anbieter zu vergleichen. Um Informationen zu sammeln zu einem Thema, bei dem sie ganz konkret einen Kaufwunsch hat. Ein Bedürfnis. Oder ein Problem, das sie gelöst haben möchte.

Das kann sein, dass sie neue Fenster für ihr Haus braucht. Dafür sucht sie einen regionalen Handwerker. Und sie will sich informieren, was es für Unterschiede bei neuen Fenstern gibt – vom Schallschutz, vom Einbau, von der Haltbarkeit.

Oder sie hat Schlafprobleme – und will schauen, was es zu diesem Thema an Lösungsmöglichkeiten geben könnte (neue Matratze / Wasseradern-Entstörung / Feng Shui / Massage ….)

Das bedeutet für Sie, wenn Sie so ein regionaler Handwerker sind oder etwas gegen Schlafstörungen haben:

Sie und Ihr Angebot werden verglichen. Mit anderen Ausstellern, mit anderen regionalen Anbietern, mit Angeboten, die Anneliese Krämer vielleicht schon kennt. Überlegen Sie also, wie Sie sich präsentieren, welchen Eindruck Sie vermitteln wollen, zum Beispiel

- seriös oder flippig
- als Spezialist versus „Bei uns gibt's alles"
- professionell oder laienhaft

- freundlich oder besserwisserisch
- usw.

Und diesen Eindruck vermitteln Sie durch (*vgl. dazu auch das 3. und 4. Kapitel „Messe-Stand" und „Messe-Präsenz"*)

- Stand-Gestaltung, Dekoration
- Art und Menge der ausgestellten Produkte
- Und vor allem durch die Menschen am Stand

Bedenken Sie dabei, dass Sie mit Ihrem Messe-Auftritt dem Messebesucher ein „So bin ich" vermitteln – und dass es keine 2. Chance für den ersten Eindruck gibt!

Aufgabe zum Tun:

Überlegen Sie sich, wie Sie mit Ihrem Messe-Auftritt wirken wollen; welchen Eindruck Sie den Messebesuchern vermitteln wollen. Denn mit dem Messe-Auftritt zeigen Sie Ihren USP = unverwechselbar – sichtbar – präsent

Schließlich wollen Sie beim „Vergleichen" und „Informationen sammeln" den Messebesuchern auch „richtig" im Gedächtnis bleiben!

1.3.2 Neue Produkte, neue Erfahrungen

„Anneliese Krämer" geht auf eine Messe, weil sie neugierig ist und schauen möchte, was es so Neues gibt.

Das kann ein neuer Staubsauger genauso sein wie eine neue Kette oder etwas Gesundes zum Trinken.

Das bedeutet für Sie, wenn Sie einen neuartigen Dampfsauger haben, schöne Halbedelstein-Ketten verkaufen oder grünen Mate-Tee:

- Präsentieren Sie nur das an Ihrem Stand, was wirklich **neu** und **anders** ist!

- Lassen Sie alles zuhause, was es schon seit Jahren gibt, was weder neu ist noch verändert wurde.

- **Wählen Sie aus,** was Sie am Stand zeigen; Sie brauchen nicht Ihr ganzes Sortiment mitzunehmen (sicherlich eine große Erleichterung und zudem Platzersparnis für Sie)!

- Nur etwas, was neu ist, einen **neuen oder besonderen Nutzen** hat, wird neugierige Messebesucher erfreuen und zum Kauf animieren!

Aufgabe zum Tun:

Überlegen Sie sich, was von Ihren Produkten oder Dienstleistungen neu ist. Welcher Nutzen neu oder besonders ist.

1.3.3 Den Menschen „hinter dem Angebot" kennenlernen

„Anneliese Krämer" kommt zur Gewerbeschau, weil sie den Menschen „hinter der Dienstleistung" kennenlernen möchte: Wer soll mich in Zukunft bei meinen Finanzen beraten? Wie ist der Handwerker, mein Dach neu decken soll?

Das bedeutet für Sie, wenn Sie Finanzdienstleister oder Dachdecker sind: Hier geht es um Vertrauen, darum, dass sich „Anneliese Krämer" bei ihrem Anliegen, bei ihrem Problem ernst genommen fühlen möchte. Sie wünscht sich, dass man auf sie eingeht, dass sie **positive Emotionen** bekommt, dass „die Chemie stimmt", sie „ein gutes Gefühl" bekommt:

- Lassen Sie, als Aussteller, nur <u>die</u> Mitarbeiter mit Messebesuchern reden, die auch **Spaß** daran haben, die gerne mit Menschen zu tun haben. Die auch gerne auf der Messe sind! *(vgl. dazu Kapitel 4 „Stand-Präsenz")*

- Seien Sie „Sie selbst", seien Sie **authentisch**!

- Überlegen Sie sich sinnvolle = **zielführende Messegespräche** *(vgl. dazu Kapitel 4 „Stand-Präsenz")*

Und wenn es nur um den Kauf von Mate-Tee geht: Wenn „Anneliese Krämer" der Verkäufer sympathisch ist, wird sie wohl nicht nur den kostenlosen Probetee trinken ....

Aufgabe zum Tun:

Überlegen Sie: Wer von Ihren Mitarbeitern „kann gut" mit Kunden? Und wen sollten Sie besser zuhause lassen?

1.3.4 Etwas anfassen, etwas ausprobieren dürfen

„Anneliese Krämer" geht zur Gewerbeschau, weil sie hier etwas ausprobieren, etwas anfassen will! Im Gegensatz zur „normalen" Werbung (Anzeige, Flyer, Internet-Werbung, Plakat ….). Sie will ihren potentiellen neuen Staubsauger ausprobieren, sie will ihr neues Fenster anfassen.

Wussten Sie, dass man das, was man schon mal in der Hand hatte, viel stärker haben will, es nicht mehr hergeben möchte? Dinge, die man erfühlen, ertasten, ausprobieren kann, bleiben **viel stärker haften**, wecken viel stärkere „Haben-Wollen-Gefühle" als Bilder-zum-Anschauen oder flyer zum Mitnehmen.

Das bedeutet für Sie, wenn Sie ein Dampfsauger-Verkäufer oder Fenstermacher sind: Bieten Sie alles Mögliche an, damit sich der Messebesucher **mit Ihrem Produkt haptisch beschäftigt!** Er soll es anfassen, ausprobieren, damit spielen! Wenn es ein technisches Produkt ist, dann will der Messebesucher auch gerne hinein schauen, hinein fassen, herausfinden, wie kompliziert es ist.

Und wenn Sie ein Finanzdienstleister sind – dann dürfen Sie sich auch etwas überlegen, wie Sie Ihr Angebot „haptisch" und „erlebbar" machen. Zum Beispiel könnten Sie zwei große Gläser mit Münzen hochheben und deren Gewicht schätzen lassen – um zu demonstrieren, welchen finanziellen Gewinn es bedeutet, wenn man Ihre Dienste in Anspruch nimmt.

1.3.5 Ein paar nette Stunden verbringen

Ja, „Anneliese Krämer" kommt auch, vielleicht sogar zusammen mit ihrer Familie, um ein paar nette Stunden zu verbringen, sie möchte Unterhaltung und Erlebnisse. Sie kommt ganz sicher nicht, um Texte auf Bannern oder in-die-Hand-gedrückte Flyer zu lesen! Unterschätzen Sie den Spaßfaktor nicht: Wenn etwas Spaß macht, sitzt auch das Geld lockerer!

Das bedeutet für Sie, gleichgültig, ob Sie Handwerker oder Finanzberater sind, ob Sie Produkte oder Dienstleistungen verkaufen – haben Sie Spaß an dem, was Sie tun! Und bereiten Sie Ihren Messebesucher auch Spaß!

Zusammenfassung:

„Anneliese Krämer" geht auf eine Gewerbeschau,

- um Informationen zu **sammeln** und zu **vergleichen**
- um neue Produkte zu entdecken, **neue Erfahrungen** zu machen
- um den Menschen hinter einem Angebot kennen zu lernen, und ein **„gutes Gefühl"** zu bekommen
- um etwas anfassen, **ausprobieren** zu dürfen
- und auch, um ein paar **nette Stunden** zu verbringen

Wenn Sie als Aussteller Ihren noch-nicht-Kunden unter den Messebesuchern das geben, was sie sich wünschen, dann haben Sie gewonnen!

Denn das sind die **Vorteile eines Messe-Auftritts** – all das geht nur auf einer Messe! **Nutzen Sie diese Chance!**

In Zeiten von „Geiz ist geil"-Mentalitäten bei den Endkunden und der Möglichkeit, fast alle Angebote über's Internet vergleichen und billiger kaufen zu können, ist es für jeden Anbieter und Dienstleister überlebenswichtig, sich unverwechselbar zu zeigen und in die Köpfe und Herzen der Kunden-in-spe zu kommen.

Sicherlich sind Sie <u>kein</u> Discounter und reihen sich <u>nicht</u> ein in die „Todesspirale" von der Billigste-sein-zu-wollen.

Auf einer Gewerbeschau, auf einer Verkaufsausstellung können und dürfen Sie mit Ihrer Person, mit Ihrer Persönlichkeit und mit Ihren zusätzlichen Qualitäten punkten.

Design und Preis allein – das gibt's aus China oder Indien sehr wahrscheinlich billiger.

Denn Dachdecker, Heizungsbauer, Finanzdienstleister oder Ketten-Verkäufer gibt es in Ihrer Region sicherlich mehrere – Ihre Mitbewerber. Auf der Messe können Sie sich den Besuchern erlebbar machen, können zeigen, was Sie und Ihr Angebot auszeichnet, was Sie besonders und erstrebenswert macht. Denn so kommen Sie in die Herzen der Besucher – und dann spielt der Preis nicht mehr die einzige Rolle!

Aufgabe zum Tun:

Was hat Sie beim ersten Kapitel „Messe-Ziele" am meisten angeregt?
Was wollen Sie konkret umsetzen für Ihren nächsten Messe-Auftritt?

2. Die Messe-Einladung: Laden Sie sich Ihre Wunschkunden an den Stand!

Vielleicht denken Sie, dass es gar nicht nötig ist, selbst zur Messe einzuladen – schließlich muss sich der Veranstalter darum kümmern, dass Besucher zur Messe kommen! Das ist sicherlich richtig: Der Veranstalter wird Plakate aufhängen, er wird auf seiner Messe-Homepage darauf hinweisen, er wird vielleicht sogar Anzeigen in der regionalen Presse schalten.

Doch der Veranstalter kann nur für die Messe „im Ganzen" werben, für die gesamte Veranstaltung. Er wird nie für Sie oder für Ihr spezielles Angebot werben. Das können nämlich nur Sie! Denn nur Sie selbst wissen, wen Sie gerne bei sich am Stand begrüßen würden – nämlich Ihre „Wunschkunden".

„Wunschkunden" sind die Kunden, für die Sie am liebsten arbeiten! Sei es, weil sie immer das „ganze Paket" buchen, sei es, weil sie so nett sind, weil sie Kinder haben oder sei es, weil sie immer pünktlich zahlen. Nehmen Sie sich vor, sich bei Ihrem Messe-Auftritt vor allem auf potentielle „Wunschkunden" zu konzentrieren. (Eventuell kann es, je nach unterschiedlichem Angebot, auch unterschiedliche Wunschkunden bei Ihnen geben.)

2.1. Wer ist Ihr Wunschkunde

Aufgabe zum Tun:

„Definieren Sie einen Wunschkunden" – zum einen bezogen auf solche Gemeinsamkeiten (davon profitieren Sie später, wenn Sie entscheiden müssen, wen von den vielen Messebesuchern Sie am besten ansprechen). Vielleicht fällt Ihnen sogar ein ganz bestimmter Kunde ein, zum Beispiel „Hans Müller", wenn Sie sich so einen „Wunschkunden" vorstellen. Und bei allen weiteren Aktivitäten wie zum Beispiel, Ihre Messe-Einladung zu texten, denken Sie dabei an diesen „Hans Müller" und schreiben quasi für ihn, herzlich und individuell.

Sie denken, Sie haben keine expliziten Wunschkunden?

Lesen Sie weiter, wahrscheinlich haben Sie eine Menge solcher Wunschkunden – die Sie auch unbedingt zu Ihrem Messestand einladen sollten! Planen Sie bereits einen konkreten Messeauftritt? Zum Beispiel auf der kommenden Allgäuschau im August 2014? Und wissen auch bereits, mit welchem (neuem!) Angebot Sie sich hier präsentieren wollen? Wenn es bei Ihnen noch nicht so konkret ist, dann gehen Sie bei allem Folgenden am besten davon aus, dass Sie Ihr Premium-Angebot präsentieren würden.

Aufgabe zum Tun:

Schreiben Sie drei bis fünf Stichpunkte auf: Was wird für Ihren Wunschkunden („Hans Müller") besonders interessant sein an Ihrem Auftritt auf der Allgäuschau? Beziehungsweise an Ihrem Premium-Angebot?

Denken Sie in diesem Zusammenhang an folgendes:

- Was könnte „Hans Müller" neugierig machen?
- Was könnte einen neuen Wunschkunden dazu verführen, Sie am Messestand zu besuchen?
- Was ist neu, was ist anderes, was wird es nur am Stand geben?

Aufgabe zum Tun:

Aus diesen Stichworten formulieren Sie nun bitte einen kurzen Einladungsbrief. Und zwar wirklich an: „Lieber Hans Müller, …." Denn solche persönlich geschriebenen Einladungen sind viel emotionaler, viel konkreter und viel ansprechender – auch, wenn hinterher aus „Lieber Herr Müller", dann „Sehr geehrter Herr Maier" und „Sehr geehrte Frau Schmidt" wird.

Wenn Sie weiterlesen, finden Sie Muster-Einladungsbriefe, einen „besseren" und einen nicht so guten.

Wen sollten Sie einladen? Nun, Sie haben sich etwas überlegt, was es bei Ihnen am Messestand Neues, Anderes und Interessantes geben wird; das interessiert sicherlich zum einen Ihre bestehenden Kunden. Schauen Sie in Ihre Datenbank, wer hat (früher) schon mal bei Ihnen gekauft? Zum Beispiel eine Vorgänger-Version Ihres Produktes – das es nun verbessert geben wird.

Wenn Sie, sagen wir mal, 100 – 200 Kunden-Adressen in Ihrer Datenbank haben, dann nehmen Sie sich bitte die Zeit und schreiben jeden davon individuell an – und nicht alle „in einem Aufwasch" mit „Sehr geehrte Damen und Herren". Von einem Brief oder einer E-Mail, die persönlich adressiert ist und mit „Liebe Frau Maier" beginnt, fühlt sich jeder sehr viel mehr angesprochen, als von einem offensichtlichen Sammelmail. Das heißt, die Wahrscheinlichkeit, dass jemand aufgrund einer persönlichen Einladung kommt, ist deutlich höher. Und darum geht es schließlich: Dass die von Ihnen Eingeladenen dann auch tatsächlich zu Ihrem Stand kommen!

ACHTUNG: 5 - 10% Rücklauf bei Mailing oder Brief-Einladung (= Annahme des Angebots) ist unter Werbern bereits ein extrem guter Erfolg. Das heißt, wenn Sie 200 Kunden anschreiben und dann tatsächlich 10 - 20 kommen, dann haben Sie alles richtig gemacht! Das ist ein wirklich guter Erfolg Ihrer Einladungsaktion!

Das heißt im Umkehrschluss aber auch: Wenn Sie 20 Besucher an Ihrem Stand möchten, dann sollten Sie circa 200 - 400 Menschen einladen.

2.2. Wen Sie einladen

Weitere Hinweise, wen Sie alles einladen können, außer Ihren „Bestands-Kunden":

- **Seltene Kunden**, also Kunden, die irgendwann einmal etwas bei Ihnen gekauft haben; eine Messe ist ein guter Anlass, sich wieder in Erinnerung zu bringen – mit etwas „Neuem" und „Interessantem"!

- Menschen, die Sie **immer schon als Kunden gewinnen wollten**, sich aber nie getraut haben, sie anzusprechen. Ein Auftritt im Rahmen einer Messe ist eine wunderbare Gelegenheit, gerade solche potentiellen Kunden unverbindlich, aber doch gezielt einzuladen. Kalt-Akquise mal anders ….und viel einfacher!

- Menschen, die Sie aus Ihrem **privaten Umfeld** kennen (Freunde, Verwandte, Vereinsmitglieder, Leute aus dem Fitness-Studio, Eltern anderer Schüler, Nachbarn) – gerade bei Klein(st)unternehmer weiß das private Umfeld oft nicht, was Sie beruflich machen; ein Messeauftritt ist eine wunderbare Möglichkeit, diese Menschen auf Ihr berufliches Können aufmerksam zu machen und sich professionell zu präsentieren.

- Auch **Mit-Aussteller** dürfen Sie schon im Vorfeld der Messe einladen – und sei es nur auf einen kleinen Umtrunk kurz vor Messe-Beginn: „Mit kleinen Gesten können Freundschaften beginnen". Oder Kooperationen. Oder Verkäufe. Vielleicht haben Sie sogar ein spezielles Angebot für „vor der Messe" oder eines „für danach". Oder vielleicht wollen Sie Ihren Mit-Ausstellern auch einfach nur 20% Mit-Aussteller-Rabatt geben.

Unterschätzen Sie diese „warmen Kontakte" nicht: Mit den Menschen an den Ständen nebenan werden Sie einige Zeit verbringen, sie lernen Sie kennen und vielleicht brauchen die ja genau das, was Sie anbieten. Oder Mit-Aussteller werden zu „Empfehlern", die nach der Messe mit ihren Kunden über Sie sprechen: „Da hab' ich vor ein paar Tagen jemanden auf der Gewerbeschau kennengelernt – der hat genau das, was Sie suchen!"

Sie haben ein Produkt, eine Dienstleistung, dir vor allem für Besitzer von Einfamilienhäusern interessant ist? Häuser, die in Ihrer Region stehen und älter sind als 20 Jahre? Oder Sie bieten etwas an, was vor allem für Familien mit kleinen Kindern gedacht ist? Dann könnte es interessant für Sie sein, sich Adressen von solchen potentiellen Kunden zu „mieten". Zum Beispiel über
http://www.schober.de/data/consumer-adressen.html

Oder über die deutsche Post:
http://www.deutschepost.de//mlm.nf/dpag/images/a/addressfactory0
/20100205_zielgruppenadressen_broschuere_1212.pdf

So ein Adress-Kauf ist dann überlegenswert, wenn Sie hohe Messe-Umsatzziele haben, jedoch nur wenig eigene Adressen.

2.3 Wie Sie einladen - inhaltlich

Sie wissen nun, wen Sie zu sich an den Stand einladen können, nun kommen wir nochmals zum „Wie". Bitte bedenken Sie immer: Je **persönlicher und/oder nutzenorientierter** Ihre Einladung ist, desto effektiver wird Ihre Einladung sein:

- Haben Sie die Einladung individuell adressiert?

Denn das Begleitschreiben soll Interesse wecken und Lust machen, Sie am Stand zu besuchen und es sollte persönlich formuliert sein: „Sehr geehrter Herr Müller ...", „Lieber Kunde, ...", „Sehr geehrtes Club-Mitglied", „Liebe Interessierte" oder „Lieber Nachbar ...." ist viel besser als „Sehr geehrte Damen und Herren,...."

- Was gibt es bei Ihnen am Stand, was es sonst nicht gibt? (z.B. ein Gewinnspiel für eine Wochenendreise ins Salzkammergut)

- Welchen guten Grund bieten Sie, Sie am Stand zu besuchen? (z. B. eine gratis Verkostung von 20 Jahre altem Portwein)

- Was hat der Eingeladene für einen Nutzen davon, wenn er Sie am Messestand besucht? (z.B. 30% Messe-Rabatt)

2.4 Wie Sie einladen - auf welchem Weg

Zum „Wie einladen" gehört natürlich auch „der Weg". Neben Einladungen **per Mail oder per Post** (heutzutage deutlich „wertiger" und „auffäl-liger" als per Computer!), gibt es noch weitere, oftmals sogar kostenlose Möglichkeiten:

- Laden Sie auf der Startseite Ihrer **Firmen-Homepage** dazu ein, Sie auf der Messe zu besuchen. Und in Ihrem Firmen-Newsletter. Optimalerweise nicht nur mit Messe-Logo, Orts- und Datums-Angabe und „Besuchen Sie mich auf der xx", sondern mit ähnlichen Inhalten wie in Ihren anderen Einladungen. Also auch hier sollten Sie auf das Besondere, Neue, Interessante ... hinweisen und dazu einladen!

- Texten Sie ein „**P.S.**" für Ihre Korrespondenz; in jedem Brief, den Sie verschicken, laden Sie (mit dem, was neu / interessant / anders ist!) ab circa vier Woche vorher zum Messe-Besuch ein.

- Sind Sie auch auf XING, Facebook, Twitter präsent? Nutzen Sie alle Ihre **Social Media-Kanäle**!

- Sie kennen den einen oder anderen Anzeigenverkäufer Ihrer **Regionalzeitung**? Ein Messeauftritt (mit etwas Neuem, Besonderem, Interessantem!) könnte auch etwas für die Zeitung sein – fragen Sie Ihren Kontakt bei der Presse einfach danach!

- Wenn Sie „richtige" **Pressearbeit** machen und immer wieder Neues von Ihrem Unternehmen der Zeitung mitteilen – ja, dann gehört Ihr (neuartiger, besonderer, interessanter!) Messeauftritt natürlich auch dazu!

2.5 Gute Gründe, Sie am Stand zu besuchen

Hier einige „gute Gründe", die Sie in Ihrer Messeeinladung anführen oder beilegen könnten – und die die Eingeladenen motivieren, Sie tatsächlich am Stand zu besuchen, zum Beispiel:

- Ein „teilweises" Kundengeschenk (ein Puzzleteil – das gesamte Puzzle gibt's am Stand; ein Weinflaschen-Etikett – die Flasche selbst gibt's am Stand)

- Versand eines Loses – die Ziehung findet am Messestand statt

- Versand eines Bons, den der Empfänger am Stand gegen ein kleines Geschenk, einen Drink oder Verpflegung eintauschen kann

- spezielle Messe-Rabatte

- etwas Kostenloses oder Neuartiges zum Ausprobieren

- günstiger Einführungspreis („Nur auf der Messe!")

- Halten Sie einen Vortrag? Dann laden Sie dazu ein – mit Thema und Uhrzeit (eventuell mit kurzer, neugierig machender Inhaltsangabe).

Und fordern Sie den Eingeladenen auf, doch auch seinen Mann / seine Frau / die Freundin etc. mitzubringen; er / sie bekommt selbstverständlich auch etwas!

Das ist auch ein guter Aufhänger, um auch Ihre bestehenden Kunden einzuladen – die ja wiederum andere Menschen kennen, die an Ihrem Angebot interessiert sein könnten. Hier auf der Messe kann man Sie ganz unverbindlich und in einem interessanten Umfeld kennenlernen! Übrigens bekommen Sie meist vom Messe-Veranstalter im Vorfeld (= circa drei bis vier Woche vor der Messe) Informationsmaterial zum Verteilen zur Verfügung gestellt (Flyer, kleine Hefte, lose Blätter). Hier sind Informationen über die Aussteller enthalten, was es alles Besonderes gibt, Ablaufpläne der Vorträge und Symposien, Gutscheine zum Einlösen etc.

Nutzen Sie diese Möglichkeit – denn es ist viel leichter, Menschen mit so einem vielfältigen Angebot im Hintergrund auch zu Ihrem Stand einzuladen: „Da ist sicherlich auch für Sie etwas dabei!".

2.6 Einladungstexte

Wollen Sie sich immer noch darauf verlassen, dass der Messe-Veranstalter zur Messe einlädt? Wenn nein, welchen der Möglichkeiten und Wege wollen Sie nutzen?

Nun möchte ich Ihnen noch zwei Einladungen zeigen:

Aufgabe zum Tun:

Wie wirkt dieses Einladungsmail auf Sie? Würden Sie aufgrund dieser Einladung kommen?

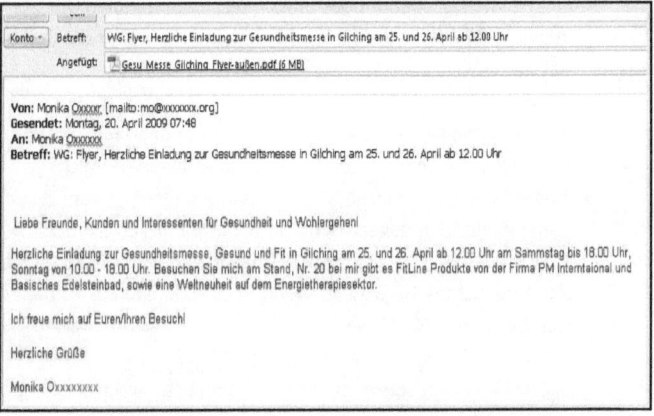

Ich möchte Sie exemplarisch auf einiges hinweisen, was Sie bei Ihrer Mail-Einladung besser nicht machen sollten:

- Die **Betreff-Zeile** ist die Zeile, die ein Mail-Empfänger als erstes sieht! Dieser „Betreff" sollte so interessant formuliert sein, dass der Mail-Empfänger das Mail auch wirklich aufmacht – und nicht in der Flut der täglichen E-Mails ungelesen löscht. Ein „WG: Flyer ...", also eine offensichtliche „Weiterleitung", ist sub-optimal.

- Auch einen 6-MB-flyer sollten Sie nicht **anhängen**; es gibt immer noch Mail-Empfänger, bei denen das Runterladen von großen Dateien länger dauert. Besser ist es, wenn Sie den Messe-Flyer bei sich auf Ihre Homepage stellen und in Ihrem Einladungsmail dann lediglich einen Link zum Download (bei Interesse!) anbieten.

- Über die **persönliche Anrede** wissen Sie ja schon Bescheid … in dieser Einladung kann man sich raussuchen, ob man nun ein „Freund" ist, ein „Kunde" oder nur als „interessiert" eingechätzt wird – nicht sehr „persönlich". Besser wäre es, wenn Freund / Kunde / Interessiert auch Ihre Unterscheidungskriterien sind, drei unterschiedliche Mails zu verschicken; einmal an „Freunde", einmal an „Kunden" und einmal an „Interessierte". Mit der jeweiligen Ansprache. Wobei die individuelle Ansprache („Liebe Frau Müller") immer die Beste ist …

- Unschönerweise haben sich in den Text ein paar **Schreibfehler** eingeschlichen – finden Sie sie? Damit Ihnen das nicht passiert, lassen Sie Ihren Einladungstext unbedingt von jemand anderem gegenlesen. Zumindest schicken Sie den Text erst einmal an sich selbst – Sie werden erstaunt sein, wie sich Ihre Sichtweise ändert, wenn Sie Ihre Einladung als neues Mail bekommen und lesen.

- Und im **Abspann** sollte immer Ihre komplette Anschrift stehen – damit der Empfänger weiß, wer ihm da eigentlich schreibt.

Aufgabe zum Tun:

Wie gefällt Ihnen diese Einladung:

Von: Musterfrau / Einladungstext an bestehende Kunden
Gesendet: Dienstag, 21. Juli 2011 17:15
Betreff: Für Sie und Ihre Familie: Einladung für Samstag, den 9. August

Liebe Frau Radwan,

haben Sie am kommenden Samstag, den 9. August schon etwas vor?

Ich möchte Sie und Ihre Familie gerne einladen zur Gewerbeschau nach Nürnberg. Das wird sicherlich ein Ausflug, der Ihnen gefällt – es gibt dort unter anderem nämlich ein eigenes Kinderprogramm. Und speziell für die Männer wurde ein Oldtimer-Parcours aufgebaut.

Die genauen Details mit Anfahrts- und Parkplatz-Beschreibung finden Sie , wenn Sie diesem Link folgen www.musterfrau.de/Messeflyer

Doch vor allem möchte ich Sie zu meinem Stand 4 in Halle 2 einladen – gleich rechts vom Eingang. Um 15.00 Uhr bereiten wir Ihnen einen erfrischenden Wellness-Empfang mit vegetarischen Häppchen und biofrischen Säften; natürlich gratis für Sie und Ihre Familie!

Ich freue mich auf Sie, sonnige Grüße aus Musterstadt, Ihre Musterfrau

P.S. Mein besonderes Messe-Angebot: 20% Messe-Rabatt auf alle Ihre Lieblings-Pflege-Produkte – da können Sie richtig Geld sparen (und sich noch etwas extra gönnen)

ABC GmbH
Angelika Musterfrau
Normalostraße 123
D – 12345 Musterstadt
Tel.: 08143 / 987 654
E-Mail: info@ABC.de
www.abc.de

Aufgabe zum Tun:

Formulieren Sie eine Messe-Einladung. Und wenn Sie möchten, dann können Sie auch mich gerne einladen: c.radwan@mk-radwan.de

2.7 Die Pressemeldung als Einladung zu Ihrem Messe-Stand (Exkurs)

Sie können sogar Ihre **Regional-Zeitung** und **-Anzeigenblätter** dazu bringen, kostenlos über Sie und Ihren Messestand zu berichten. Und so Leser dazu bewegen, Sie an Ihrem Messestand zu besuchen!

Sie wissen ja, was in der Zeitung steht und wenn jemand anderer über Sie berichtet, hat das einen ganz anderen Stellenwert, als wenn Sie selbst etwas über sich sagen. Ein Bericht in der Presse ist so etwas wie eine Empfehlung, ein unabhängiger Dritter, der etwas über Sie sagt. Und Zeitungen werden von vielen Menschen in Ihrer Region gelesen …. Presseberichte, besser: Die Journalisten, die sie schreiben, sind also Multiplikatoren. Pressemeldungen können Ihnen interessierte Besucher bringen und die Aufmerksamkeit für Sie und Ihr Angebot über die Messedauer hinaus verlängern.

Bitte bedenken Sie dabei:

- **Pressemeldungen** „werben" nicht, sie **informieren**

- Journalisten müssen an ihre Leser denken, das heißt, sie werden nur über etwas schreiben, was **für ihre Leser interessant** sein könnte.

Wie schaffen Sie es nun, dass aus Ihrer Nachricht: „Unternehmen XY stellt auf Messe AB aus" eine „gute" Pressemeldung wird, die auch veröffentlicht wird? Eigentlich ganz einfach:

- Entweder nehmen Sie **Kontakt** auf zu „Ihrem" Anzeigenverkäufer und reden mit ihm. Er wird Ihnen dann schon sagen, was Sie tun können, bzw. welche Informationen hilfreich für einen redaktionellen Bericht sind.

- Oder Sie schreiben das, was bei Ihnen am Stand **neu / interessant / anders** sein wird:

Also nicht so: Unternehmen XY stellt auf der BioTreff aus – und lädt herzlich zum Stand 13 in Halle 3 ein.

Sondern besser so: Unternehmen XY lädt alle Besucher der BioTreff zur MilchBar in Halle 3 ein – der Chef persönlich mixt Milk-Shakes, damit jeder sich von der Qualität seiner Milch überzeugen kann. Selbstverständlich sind die Shakes kostenlos!

Wenn Sie keine regelmäßige Pressearbeit machen und die Redakteure Sie bzw. Ihr Unternehmen nicht kennen, dann rufen Sie besser vor der Text-Zusendung in der Redaktion an und versuchen, mit einem **Redakteur persönlich** zu sprechen (z.B. Abteilung „regionales" oder auch „Wirtschaft"). Wenn Sie eine Pressemeldung unbekannterweise und unangekündigt zumailen, ist die Gefahr recht groß, dass sie gar nicht gelesen wird oder gleich im Spam-Filter verschwindet.

Bitte seien Sie sich bewusst, dass Sie bei einer Pressemeldung **keine Garantie auf Abdruck** haben! Der Text kann auch gekürzt oder mit anderen Infos zusammengefasst werden. Es ist auch sinnvoll, eine Pressemeldung für eine Fachzeitschrift anders zu formulieren als eine für das regionale Anzeigenblatt. Schauen Sie am besten, welche Art von Artikeln in den für Sie relevanten Zeitungen stehen – und orientieren Sie sich inhaltlich daran.

Und es hilft natürlich, wenn Sie auch ab und zu **Anzeigen schalten**: „Geben und Nehmen" – die Anzeigenblätter, aber auch die Tageszeitungen leben schließlich davon!

2.7.1 Tipps zum Schreiben einer Pressemeldung

Was Sie „technisch" bei einer Pressemitteilung beachten sollten:

- „Pressemitteilung" steht im Kopf

- Ort und Datum („Sonthofen, den 14. August 2012")

- In den ersten Sätzen steht das Wichtigste, die Zusammenfassung (das, was bei Ihnen am Stand neu, anders, interessant sein wird); je knackiger formuliert, desto besser. Wenn nur eine Kurzfassung der Pressemeldung veröffentlich wird, dann sollten es diese ersten Zeilen sein.

- Im darauffolgenden Text können Sie dann etwas ausführlicher werden – wobei Sie immer mit dem Interessantesten beginnen sollten und dann „nachlassen" können. Ein Redakteur liest oft (aus Zeitmangel) nur die Anfänge einer Pressemeldung und wenn da nichts Interessantes steht, liest er nicht weiter.

- Eine Pressemeldung sollte nicht länger als zwei Seiten sein – „in der Kürze liegt die Würze".

- Und bitte denken Sie immer daran: Presseinformationen informieren die Leser! Sie werben nicht! Überlegen Sie: Was interessiert Sie – wenn Sie selbst Leser sind?

- Am Schluss steht eine kurze Zusammenfassung Ihres Unternehmens

- sowie Name und Kontaktdaten eines Ansprechpartners (falls der Redakteur noch Fragen zum Text hat: Wie kann er Sie erreichen?).

- Optimal ist ein Bild – dass das „vorwegnimmt" bzw. „andeutet", was es Besonderes, Interessantes, Neues bei Ihnen am Stand geben wird.

Hier ein paar **Anregungen**, womit Sie und Ihr Messe-Stand in die Presse kommen können:

- Kuriosität (von ungewöhnlich bis verrückt) (Beispiel „Hier mixt der Chef selbst die Shakes")

- Prominenz oder Kompetenz (Eine bekannte Persönlichkeit, ein „Guru", der bei Ihnen am Messestand sein wird)

- Nah + Neu („Gibt es bisher nur in Amerika und nun zum ersten Mal für Europa auch in Sonthofen!")

- Soziales Engagement: Sie spenden Messe-Einnahmen; Verlosung zugunsten von ….; Sie suchen auf der Messe Mitarbeiter 60+

- Leistungsangebot auf der Messe: Die hundertste Maschine wurde anlässlich der Messe gebaut – wird zum Sonderpreis verkauft, 1 km Wurst wurde während der Messe verkauft (für Presse-Nachbericht); Ihr Stand wurde nominiert/prämiert/gelobt ….

- Standort: Mit dem Messeauftritt präsentieren Sie sich in der Region neu / erstmals / erweitert / modernisiert / neue Arbeitsplätze werden geschaffen (und Mitarbeiter auf der Messe gesucht)

- Spezielle Messeangebote: Kostenlose Beratungen / Workshops

Weitere Informationen zum Thema „Pressearbeit" finden Sie zum Beispiel in diesem Buch: „Pressearbeit für Dummies".

Aufgabe zum Tun:

Formulieren Sie eine Pressemitteilung über die kommende Messe für Ihr regionales Anzeigenblatt. Oder, wenn Sie zum ersten Mal auf einer Messe ausstellen: Formulieren Sie eine Pressemeldung über einen Messe-Stand, den Sie als Besucher erlebt haben und der Sie beeindruckt hat.

3. Ihr Messe-Stand: Wie Sie Ihre Wunschkunden magisch anziehen

Ein Messestand ist wie ein Rahmen für Ihr Angebot und Sie; der Messestand macht mehr aus Ihnen! Gerade, wenn Sie ein Ein-Personen-Unternehmen sind, bildet der Stand quasi eine Bühne für Sie und Ihr Angebot. Das ist ein ganz anderer Auftritt, als wenn Sie zum Beispiel mit Ihren Flyern und Visitenkarten zu einem Netzwerktreffen gehen.

Auf einem Messestand können Sie Ihren USP sicht- und vor allem **erlebbar** machen:

"**USP** = UniqueSellingProposition, oder, auf Deutsch: das **Alleinstellungsmerkmal.**

Passender finde ich jedoch: UnverwechselbarSichtbarPräsent!

Die Herausforderung ist nun, diesen Rahmen, diesen Messestand, zum „Funkeln" zu bringen. Sie erreichen dieses „Funkeln", in dem Sie neben Ihrem Angebot Ihren USP sichtbar, oder, noch besser, erlebbar machen!

Sie haben bereits folgendes für sich definiert:

- Was sind Ihre Messe-Ziele, was wollen Sie mit Ihrem Messe-Auftritt erreichen?

- Worin unterscheiden Sie sich von Ihren Mitbewerbern, was macht Ihr Angebot für Ihre Kunden erstrebenswert?

- Was ist das Besondere, das Interessante, das Neue an Ihrem aktuellen Messeauftritt?

- Wer ist Ihr Wunschkunde – für diesen aktuellen Messeauftritt?

Unabhängig von den Menschen, die Sie persönlich und direkt selbst eingeladen haben, werden noch viele andere Menschen über die Gewerbeschau schlendern und dabei auch an Ihrem Stand vorbeikommen.

Bitte beachten Sie, dass Sie und Ihr Angebot nur eines von vielen, vielen Angeboten sind, die rechts und links, vorne und hinten von Ihnen ebenfalls um die Aufmerksamkeit der Messebesucher werben! Ganz zu schweigen von den anderen Messehallen - mit noch vielen weiteren Ausstellern!

Bitte beachten Sie außerdem, dass vorbeischlendernde Messebesucher Ihr Angebot nur ca. 5 – 10 Sekunden „im Vorbeigehen" wahrnehmen!

Das heißt für Sie als Aussteller:

- Innerhalb von **5 - 10 Sekunden** muss für den vorbeischlendernden Messebesucher eindeutig erkennbar sein, was es bei Ihnen gibt

- Und außerdem, was das **Besondere**, das **Interessante**, das **Neue** an Ihrem Angebot ist.

Denn nur, wenn der vorbeischlendernde Messebesucher etwas entdeckt, was ihn interessiert, dann wird er stehenbleiben und sich näher mit Ihrem Angebot befassen (vgl. dazu Punkt 1.3 – warum Menschen auf eine Messe gehen).

Aufgabe zum Tun:

- Schreiben Sie auf, was Ihre Wunschkunden am meisten interessiert

- Was ist der Nutzen Ihres Angebots, der schon viele Ihrer Kunden überzeugt hat

- Worüber haben sich Ihre Wunschkunden immer am meisten gefreut

- Mit welchem konkreten Service, mit welchem Kompetenz-Hinweis, mit welchem Qualitäts-Versprechen konnten Sie Kunden schon oft überzeugen

3.1 So werden Sie konkret

Wenn man Unternehmer frägt, worin sich ihr Angebot von dem ihrer Mitbewerber unterscheidet, lautet die Antwort: „Wir unterscheiden uns durch **Qualität, Kompetenz** und **Service!**"

Das Problem daran – das sagt jeder! Und außerdem sind das nur Worthülsen! Sie bedeuten alles – und nichts!

Aufgabe zum Tun:

Bitte überlegen Sie: Was bedeutet „Qualität", „Kompetenz", „Service" **konkret** für Sie und Ihr Angebot?

- Beispiel für „konkrete Qualität": Ihre biologische Schafwolle kommt nur von bayerischen Schafen.

- Beispiel für „konkrete Kompetenz": Sie wissen Bescheid über Mondzyklen, damit das von Ihnen gelieferte Holz immer zum optimalen Zeitpunkt geschlagen wird.

- Beispiel für „konkreten Service": Ihre Handwerker tragen immer saubere Überschuhe wie in der TV-Serie „CSI" und putzen täglich, bevor sie gehen.

Ihnen fällt nichts Konkretes ein? Wie in Kapitel 1.2.2 angeregt, könnten Sie einfach ein paar Ihrer „Lieblingskunden" anrufen und nachfragen, warum sie damals bei Ihnen gekauft haben. Welches Argument, welche Besonderheit sie überzeugt hat.

3.2 Die Umsetzung („Eyecatcher")

Sie haben sich überlegt, was Sie und Ihr Angebot besonders macht. Wie können Sie dieses „Besondere" an Ihrem Messe-Stand nun erlebbar machen?

Eine Möglichkeit, sich hierfür konkrete Anregungen zu holen, ist zum Beispiel der **Besuch einer anderen Messe**! Das kann eine Gewerbeschau in einer anderen Region sein, eine Themenmesse, die Sie eigentlich gar nicht besonders interessiert. Schlendern Sie einfach über die Messe und schauen, was Ihnen spontan gefällt. Wovon Sie sich angesprochen fühlen. Welche Ideen andere Aussteller haben. Keine Angst, ich fordere Sie nicht auf, irgendetwas nachzumachen! Das soll lediglich eine **Inspirationsquelle** für Sie sein!

Hier Umsetzungs-Anregungen von obigen Beispielen:

- Biologische Schafwolle von bayerischen Schafen: Am Stand gibt es ein lebensgroßes Schafsmodell aus Holz, in weiß-blau, mit ganz viel Wolle am Körper in verschiedenen Verarbeitungsstadien. Dieses Schaf will gestreichelt werden – und belohnt Berührung mit einem „Määh"!

- Wissen über Mondzyklen: Sie präsentieren Holz, das zu unterschiedlichen Mondphasen geschlagen wurde; Messebesucher können es anfassen, daran riechen, die Unterschiede wahrnehmen. Als Gastgeschenk verteilen Sie einen Mond-Kalender mit sinnvollen oder witzigen Sprüchen (und Ihrem Logo).

- Saubere Handwerker: Ihr Standpersonal trägt weiße Schutzanzüge und weiße Plastiküberschuhe. Und da Sie sich Ihrer Putz-Qualitäten 100%ig sicher sind – bieten Sie 10% Preisnachlass an, sollte der Kunde nach Abschluss der Arbeiten doch Schmutz finden!

Sie machen etwas anders und besser als Ihre Mitbewerber – **zeigen Sie es!**

Seien das Massagen im Dirndl, die direkt am Stand angeboten werden. Sei das ein kostenloser Heim-Transport von allen Einkäufen über 50 kg – den Sie darstellen durch eine Waage, auf der Messebesucher in maximal fünf Versuchen Gewichte von über 50kg packen sollen. Seien das Milch-Shakes mit der Milch von glücklichen Kühen, die vom Chef selbst gemixt werden. Oder sei es das Aufstellen eines Aquariums mit Blutegeln - für eine natürlich arbeitende Tier-Homöopathin ...

Je witziger, je verblüffender, je provokanter oder auffälliger ein Ausstellungsstück ist, ein Bild, ein Slogan oder eine Aktion ist, desto besser!

Seien Sie mutig!

Dann werden Sie dem vorbeischlendernden Wunschkunden sicherlich auffallen. Und auch nach der Messe in Erinnerung bleiben!

3.2.1 Allgemeine Beispiele, was es bei Ihnen am Stand geben könnte:

- Gewinnspiel (mit passendem, nur für Ihre Wunschkunden relevantem Gewinn!)
- Vorführung, Demonstration
- Etwas zum Anfassen, Ausprobieren, Verkosten
- Etwas zum Selbst-Herausfinden (Test)
- Messe-Rabatte / Messe-Specials / etwas Kostenloses zum Mitnehmen

Bemerkung: Diese Dinge, diese **konkrete Umsetzung** Ihres USPs – das sind **gute Gründe,** Sie auf der Messe zu besuchen, denn alles das gibt es nur hier, nur an diesem Wochenende bei Ihnen auf der Messe! Das sind genau die Informationen, die in Ihrem **Einladungsschreiben** stehen sollten, die guten Gründe, Sie am Messestand zu besuchen!

3.3 Weitere Tipps für Ihren Messestand

Unabhängig von Ihrem USP und dem, womit Sie den vorbeischlendernden Messebesucher wie magisch anziehen und zum Stehenbleiben bewegen, gibt es noch ein paar Dinge, auf die Sie achten sollten:

3.3.1 Keine sichtbaren „Krusch-Ecken"

Auf jeder Messe haben Sie Dinge dabei, die Sie zwar brauchen, die ein Besucher jedoch nicht unbedingt sehen sollte: Ihre Flyer-Kartons, die Plastiktüten mit den Werbegeschenken, Ihre Abfalltüte .... ganz zu schweigen von Ihrer Handtasche, Ihrem Mantel, Wasserflaschen, Ersatz-Schuhen ...

- Am besten ist es, wenn Sie dafür einen Kasten, einen kleinen Schrank haben, der abschließbar und unauffällig in einer Ecke steht.

- Auch in einem Tresen können Sie solche Dinge verschwinden lassen.

- Haben Sie jedoch nur einen Tisch, dann denken Sie an eine lange (Tisch)-Decke, die an allen vier Seiten (!) bis zum Boden reicht; darunter können Sie alles abstellen.

3.3.2 Wenig Text zum Lesen auf Ihren Bannern

An fast jedem Messestand gibt es mindestens ein Banner: Diese über zwei Meter hohen, schmalen Poster, die oben und unten in einem Rahmen stecken und zum Aufstellen abgerollt werden. Auf diesen Bannern findet man ganz Unterschiedliches:

- Den Firmennamen
- Den Slogan
- Bilder
- Texte

Bitte bedenken Sie, dass das, was der Besucher im Vorbeigehen sehen oder lesen soll, sich **im oberen Drittel** befindet; wenn Sie oder andere Besucher davor stehen, wird alles darunter nämlich von Ihrem Körper verdeckt. Ein Logo oder Slogan in Fußhöhe ist also nicht optimal.

So ein Banner soll zum einen informieren – für Firmenname und/oder Logo sind Banner der optimale Träger. Mehr sollte dann aber auch nicht draufstehen!

Oder Sie haben einen **provokanten Slogan** wie zum Beispiel: „Wer abnehmen will, muss essen!" oder „KEIN SEX – nur leidenschaftlich gute Werbung" – dann sollte nur dieser Slogan auf Ihrem Banner stehen.

Gut ist auch ein **Bild** – Bilder ziehen Blicke von vorbeigehenden Messebesuchern stärker an als Texte. Natürlich nur, wenn das Bild auch „gut" ist. Ein Bild ist dann gut, wenn es das, was Sie und Ihr Angebot auszeichnet, so darstellt, dass es einem Messebesucher auffällt.
Das kann zum Beispiel ein „Vorher – Nachher-Bild" sein (wenn es bei Ihnen um's Abnehmen oder um Häuser-Renovierungen geht). Das kann ein überdimensionierter Kuss-Mund sein – wenn Sie Permanent-Make-Up anbieten. Oder vielleicht lächeln sogar Sie selbst auf Ihrem Banner – weil das Besondere an Ihrem Angebot nun mal Sie selbst sind. Preisgünstige Bilder finden Sie z. B. hier: www.fotolia.de

Wichtig ist bei diesen Bannern, dass Sie diese Poster **nicht** mit Bildern und/oder Texten **überfrachten**. Versuchen Sie nicht, alles auf einem einzigen Banner unterzubringen: Logo + Firmenname + Slogan + fünf Bilder. Dafür brauchen Sie mindestens zwei bis drei verschiedene Banner! Am allerschlimmsten wäre es, wenn Sie das, was in Ihrem flyer als Angebots-Text steht, auf dem Banner „in groß" abdrucken!

Bedenken Sie: Menschen gehen nicht auf eine Messe, um Banner zu lesen! In den 3 bis 5 Sekunden, die sie an Ihrem Messestand vorbeischlendern, haben diese Menschen weder die Zeit noch die Lust, (viel) Text auf Ihrem Banner zu lesen! Setzen Sie Banner nur als „eyecatcher" ein – nach dem Motto: „**Weniger ist mehr**"!

3.3.3 Konzentration auf ein (1) Highlight

Dieses „**Weniger ist mehr**" gilt nicht nur für Ihr Banner – es gilt für Ihren ganzen Messestand! Bei der Vielzahl an Messeständen, der Menge an Angeboten und Informationen, ist es für einen Besucher nicht leicht, Einzelheiten im Vorbeigehen wahrzunehmen. Das menschliche Gehirn kann nur eine begrenzte Menge von Informationen zeitgleich aufnehmen; was zu viel ist, wird einfach ausgeblendet.

Probieren Sie es selbst aus: Vergleichen Sie Schaufenster! Die (oft selbst gestalteten) Schaufenster von kleinen Läden sind manchmal vollge-stopft mit allem Möglichen. Um herauszufinden, ob etwas für Sie Interessantes dabei ist, müssten Sie stehen bleiben und sich konzentrieren. Sich Zeit nehmen und jeden Artikel einzeln anschauen. Was Sie ziemlich sicher nicht machen werden. So viel Zeit haben Sie gar nicht. Schaufenster jedoch, in denen nur eine interessant angezogene Puppe steht, nur ein Produkt, dramatisch angeleuchtet – hier werden Sie eher näher treten.

Das Gleiche gilt auch für Ihren Messestand: Wenn Sie versuchen, Ihr **ganzes Sortiment** an Produkten oder Dienstleistungen am Stand zu präsentieren – wird zum einen sicherlich der **Platz nicht reichen**. Und zum anderen wird von vorbeigehenden Messebesuchern dann gar nichts mehr wahrgenommen. Denn auch Messebesucher nehmen sich nicht die Zeit, alles einzeln anzuschauen. Auch, weil sich manche davor fürchten, mit „Kann ich Ihnen helfen?" angesprochen zu werden, wenn sie zu lange stehenbleiben …. Da geht man lieber weiter.

Präsentieren Sie jedoch **nur ein Produkt**, konzentrieren Sie sich **nur** auf **eine Dienstleistung** – dann können Messebesucher, die das Thema interessiert, das erkennen. Und werden stehenbleiben. Und zu Ihnen auf den Stand kommen.

3.3.4 Passen Sie (bzw. die Mitarbeiter) optisch zum Stand und zum Angebot?

Wie anfangs geschrieben, ist der Messestand wie ein Rahmen für Sie und Ihr Angebot. Wie bei einem richtigen Bild, muss auch der Rahmen von der Optik her dazu passen.

Das gilt allerdings auch für einzelne Bestandteile des Bildes, auch die müssen „zum Ganzen" passen. Wenn Sie mit Ihrem Messeauftritt auf Ihr Qualitätsbewusstsein hinweisen wollen – wird Ihr Messetisch sicherlich keine abgeschlagenen Ecken haben. Wird die Tischdecke gebügelt sein. Und die flyer keine Eselsohren haben.

Auch die Menschen am Stand gehören mit zum Bild – wir kommen später, im 4. Kapitel *„Die Standpräsenz"* noch ausführlicher dazu. Jetzt geht es nur um die reine Optik. Das soll nicht heißen, dass nur schöne oder attraktive Menschen bei Ihnen am Stand sein sollten. Nein, natürlich nicht! Aber **„optisch zu Ihrem Angebot passen"** – das sollten Sie beziehungsweise Ihre **Stand-Mitarbeiter** schon.

Bieten Sie als Besonderheit „Massagen-im-Dirndl" an, dann werden Sie natürlich im Dirndl präsent sein. Ein anderer Masseur wird sich allerdings eher in seinen weißen Arbeitshosen zeigen, und nicht im Anzug! Ein Hochzeits-Organisator, der seine Professionalität herausstreichen will, wird darauf achten, dass vom Standpersonal niemand Schlabberpulli und Jeans trägt, sondern als Kleiderordnung dunklen-Rock-mit-weißer-Bluse vorgeben. Bei einem Messestand mit speziellen Barfuß-Schuhen – hat natürlich jeder vom Standpersonal diese Barfuß-Schuhe an und trägt dazu passende legere Kleidung.

Mit solchen **Vorgaben** passen dann auch die Menschen optisch zum Angebot. Und machen es den Messebesuchern so noch leichter, das Besondere zu erkennen. Außerdem werden Ihre Mitarbeiter so zum **„persönlichen Aushängeschild"** für Ihren Stand.

3.3.5 Was können Sie Ihre Stand-Besucher tun lassen, um sie einzubeziehen?

Wie schon in Punkt 1.3.4 beschrieben, lieben es Menschen, wenn sie etwas in die Hand nehmen können. Wenn man sie etwas tun lässt, etwas be-*greifen* lässt. Außerdem ist es sehr viel einfacher, über so ein: „Versuchen Sie mal ..." mit potentiell interessierten Messebesuchern **in weiterführende Gespräche** zu kommen. Hier gibt es viele, viele Möglichkeiten:

- Etwas verkosten lassen (essen, trinken, riechen)

- Unterschiedliche Textur prüfen lassen (von Materialien – vor und nach Bearbeitung, nach unterschiedlichen Qualitäten, nach unterschiedlichen Ausgangsstoffen ....)

- Etwas schätzen lassen (Gewicht, Größe, Alter, Dauer ....),

- Einen kurzen (Selbsterkenntnis)-Test durchführen lassen,

- Etwas ausprobieren lassen (Zusammenbau, Ausbau, Anwendung ....),

- Sogar das Ausfüllen einer Karte für die Teilnahme an einem Gewinnspiel kann dazu gehören – wenn der Besucher den Stift (mit Ihrem Logo!) behalten darf.

<u>Nicht</u> dazu zählt, dem Besucher lediglich einen flyer in die Hand zu drücken und ihn zum Lesen aufzufordern!

Beim „**Tun-Lassen**" ist das **Erleben** das Wichtige! Je **einfallsreicher** und **kreativer** Sie bei so einer Aktion sind, desto lieber werden Messebesucher sich animieren lassen, mitzumachen. Und durch ihr Mitmachen andere Besucher ebenfalls zum Stehenbleiben bewegen. Und sie werden sich auch nach der Messe noch an diese Aktion erinnern. Und natürlich an Sie und Ihr Unternehmen!

Weil sie Spaß hatten. Weil sie etwas erlebt haben. Weil sie etwas Neues erfahren haben. Sie erinnern sich? Warum gehen Menschen auf eine Messe ....

3.3.6 Haben Sie ein Stand-Motto, das es dem Besucher leichter macht, Ihren USP zu erkennen?

Um ein Messe-Motto zu finden, das Ihnen Ihre Standgestaltungen erleichtern hilft, könnten Sie überlegen, welches Bedürfnis Ihrer Wunschkunden mit Ihrem Messe-Angebot befriedigt wird.

Folgende Bedürfnisse gibt es:

- Gesundheit, Fitness, Wohlbefinden
- Sicherheit, Finanzen
- Entscheidungshilfen, Unterstützung = persönliche Weiterentwicklung
- Steigerung sozialer Status, soziale Zugehörigkeit, Steigerung Selbstwertgefühl
- Entspannung, Ruhe, Erholung
- Spiel, Spaß, Hobbies

Beispiel 1:

Eine **renovierte Hausfassade** befriedigt zum einen das Bedürfnis nach *„Steigerung des sozialen Status"*, zum anderen natürlich auch das Bedürfnis nach *„Sicherheit"*. Entsprechende Messe-Slogans könnten daher sinngemäß so lauten: **„So machen Sie Ihre Nachbarn neidisch"** oder auch: „Jetzt Ihr Haus für Ihre Kinder fit machen!"

Sie wählen **erstes Motto**, wenn Ihre Wunschkunden anspruchsvolle Ehepaare mit gutem Einkommen sind, die Wert auf Statussymbole und Qualität legen. Alles an Ihrem Messestand ist hochwertig und professionell. Sie veranstalten ein Gewinnspiel mit dem Hauptgewinn „Wellness-Wochenende-für-Zwei" in einem exklusiven Spa-Hotel. Ihre Gesprächsführung (*vgl. Kapitel 4 „Stand-Präsenz"*) zielt darauf ab, herauszufinden, wie die (neue) renovierte Hausfassade aussehen soll.

Sie wählen das **zweite Motto**, wenn Ihre Wunschkunden gediegene Ehepaare sind, deren Kinder schon groß sind. Deren Hauptanliegen ist es, ihr Haus als Wert zu erhalten und später gut vererben zu können. Ihr Messestand ist gediegen und solide. Sie zeigen Vorher-Nachher-Bilder von renovierten Hausfassaden. Sie bieten Referenzen zufriedener Kunden und Garantien für Sauberkeit. Sie und Ihre Mitarbeiter treten in einheitlicher Arbeitskleidung auf.

Beispiel 2:

Der spezielle **Barfuß-Schuh** befriedigt das Bedürfnis nach *Gesundheit und Wohlbefinden* – ein dazu passender Messe-Slogan könnte lauten: „Gehen Sie sich gesund!"

Am Stand haben Sie statt dem Standard-Teppichboden grünen Kunstrasen, extra weich, sowie einen Barfuß-Parcour zum D'rüberlaufen für die Messebesucher. Außerdem gibt es frisch gepressten Obstsaft zur Erfrischung. Ihre Mitarbeiter sind entweder barfuß oder tragen „Ihre" Schuhe – um zu demonstrieren, dass beides gleich gesund ist.

Die Stand-Gestaltung mit dem Finden und Festlegen eines Messe-Mottos zu beginnen, ist keine schlechte Idee; so passt alles gut zusammen. Allerdings gibt es in vielen Unternehmen oft bereits einen verbindlichen Firmen-Slogan; zwei unterschiedliche Slogans an einem Messestand sind nicht sinnvoll, denn sie würden die Messebesucher verwirren. Hier sind gute Banner bzw. Eyecatcher (*vgl. Punkt 3.2*) oder eine „Aktion" (*vgl. Punkt 3.3.5*) die bessere Lösung.

Aufgabe zum Tun:

Finden Sie

- ein Bild,
- einen Slogan
- oder eine interessante / verblüffende / neugierig-machende / überraschende Aktion,

die das Interesse Ihrer Wunschkunden unter den Messebesuchern weckt. Und sie wie magisch an Ihren Messestand zieht.

Bedenken Sie dabei:

Je **witziger, verblüffender** und **andersartiger** so ein Bild, Slogan oder Aktion ist, desto besser!

Seien Sie mutig!

Sie machen etwas anders und besser als Ihre Mitbewerber - zeigen Sie es!

4. Die Standpräsenz - So führen Sie erfolgreiche Messe-Gespräche

In diesem Kapitel geht es darum, wie Sie mit Ihren Besuchern an Ihrem Messestand so sprechen, dass daraus auch wirklich Ihr Kunde wird! Es geht um sinnvolle und zielführende Sätze, es geht um die Messebesucher-Ansprache, es geht aber auch um Mimik und Körperhaltung.

Aufgabe zum Tun:

Denken Sie zurück, als Sie das letzte Mal als Besucher auf einer Messe waren – welcher Satz fällt Ihnen ein, den Sie wahrscheinlich am häufigsten gehört haben?

4.1   Der erste Satz

Lassen Sie mich raten, war es dieser: „**Kann ich Ihnen helfen?**" Oder vielleicht auch dieser: „Suchen Sie etwas Bestimmtes?" Und wie lautete Ihre Antwort darauf? Wahrscheinlich so: „Nein, danke, ich schau' mich nur um!"

Dass dieser Art der Besucher-Ansprache nirgendwohin führt, wissen Sie aus eigener Erfahrung. Auch dass vorbeigehenden Messebesuchern kommentarlos Flyer in die Hand gedrückt werden, verärgert nur und bringt nichts.

Die erste Regel lautet: Der Messebesucher sollte grundsätzlich an Ihrem Angebot interessiert sein; geht jemand, **ohne stehen zu bleiben**, an Ihrem Stand vorbei, ist er **nicht interessiert**. Denn dann hat ihn nichts an Ihrem Stand neugierig gemacht, er hat im Vorbeischlendern nichts entdeckt, wo er neugierig wurde oder worüber er gerne mehr erfahren möchte.

Da Sie Ihren Messestand jedoch an Ihrem Wunschkunden ausgerichtet haben (*vgl. Kapitel 3 „Der Messestand"*), können Sie sicher sein, dass jemand, der einfach weitergeht, **nicht Ihr Wunschkunde** ist. Also brauchen Sie ihn auch nicht anzusprechen!

Bleibt der Messebesucher jedoch stehen und tritt interessiert näher, dann gibt es zwei Möglichkeiten:

- Sie warten, bis er Sie etwas frägt und schweigen solange

oder

- Sie eröffnen das Gespräch

Zur ersten Variante kann ich Ihnen nicht wirklich raten – wer weiß, wie lange Sie dann beide schweigend um sich herumschleichen ... Bei der zweiten Variante wird es interessanter.

Dass eine Ansprache à la „Kann ich Ihnen helfen?" nicht wirklich sinnvoll ist, wissen Sie schon. Folgende Alternativen möchte ich Ihnen vorschlagen:

4.1.1 Der allgemeine Begrüßungs-Satz

Dieser Satz basiert im Prinzip auf Ihrem „elevator pitch" (*vgl. Kapitel 1: Die Messe-Ziele*). In ganz knappen Sätzen erfährt der Besucher, was es bei Ihnen gibt und auch, was das Besondere daran ist.

Beispiel 1:

„Hallo, Sie sind hier beim **Experten für Wände** – bei mir bekommen nicht nur Hausfassaden ein neues Gesicht, so dass die Nachbarn neidisch werden (bzw.: das den Werterhalt Ihres Hauses garantiert.) Sondern ich bemale auch Innenwände – damit Sie sich in Zukunft wieder so richtig wohl in Ihren eigenen vier Wänden fühlen. Was möchten Sie gerne in oder an Ihrem Haus verbessert haben?"

Beispiel 2:

„Willkommen bei der **Expertin für's Nicht-Rauchen**; bei mir erfahren Sie, wie Sie durch Hypnose ohne Entzugserscheinungen das Rauchen aufhören können; wie oft haben Sie schon versucht, mit dem Rauchen aufzuhören? Was war für Sie das Schwierigste dabei?"

Wichtig ist bei diesem allgemeinen Begrüßungs-Satz, dass Sie nach dem kurzen „Was-es-hier-gibt-Satz" eine **offene Frage** stellen; also eine „W-Frage" (was, wann, wie viele, welche, wo, wie ….). Eine **geschlossene** Frage hingegen ist eine Frage, die man mit „Ja" oder „Nein" beantworten kann.

Offene Frage: „… Was möchten Sie gerne verbessert haben?"
Geschlossene Frage: „… Interessiert Sie das?"

Sie hören den Unterschied? Bei der offenen Frage kommt ein Gespräch zustande, denn in der Regel wird der Messebesucher dann etwas sagen, wie: „Wir haben ein älteres Einfamilienhaus und würden gerne …."
Oder: „Ja, das hab' ich bestimmt schon 10x versucht, aber nie durchgehalten …"

Bekommt der Messebesucher eine Ja / Nein-Antwortmöglichkeit, sagt er, aus reiner Gewohnheit, viel eher „Nein" als „Ja" – und das Gespräch ist zu Ende. Doch auch, wenn er „Ja" sagt … wissen Sie immer noch nicht, was ihn denn eigentlich interessiert und warum er bei Ihnen am Stand steht.

Vielleicht kenne Sie das aus Ihrem Urlaub: Ein guter Kellner sagt nicht: „Möchten Sie ein Ei zum Frühstück?", er sagt: „Wie möchten Sie Ihr Frühstücksei – hart gekocht oder als Spiegelei?" Mit dem Ergebnis, dass Sie ziemlich sicher ein (zusätzlich kostendes) Frühstücksei ordern, ob nun gekocht oder gebraten ….

Wenn Ihnen keine W-Frage als Abschluss Ihres allgemeinen Begrüßungssatzes einfällt, dann zumindest eine **Entweder-Oder-Frage**. Damit Sie mit Ihrem Messebesucher auch ins Gespräch kommen! Und erfahren, worum es ihm geht.

Bevor wir hier näher ins Detail gehen, möchte ich Ihnen als zweite Möglichkeit, einen stehengebliebenen Messebesucher anzusprechen, den „individuellen Satz" vorstellen:

4.1.2 Der individuelle Satz

Der „individueller Satz" klingt völlig spontan, er kommt locker-flockig rüber und spricht den Messebesucher (scheinbar) ganz individuell an:

Beispiel 1:

„Ich sehe, Ihnen gefällt diese silberne Kette. Ja, die passt hervorragend zu Ihrem Typ. Für welchen Anlass möchten Sie sie gerne tragen?"
(**Messestand mit Ketten**)

Beispiel 2:

„Wenn ich Sie so anschaue – kann es sein, dass Ihnen der Rücken weh tut? Woher kommt das? (**Masseur, Chiropraktiker**)

Beispiel 3:

„Ich sehe, Sie schauen mein Plakat an; welches dieser zwei / drei / vier Bilder spricht Sie am stärksten an?" (Passt für **viele Arten von Ständen**, wichtig dabei ist nur ein bildstarkes Poster, das zum Hinschauen reizt.)

Sie sehen, der „individuelle Satz" klingt sehr spontan (er muss darum auch **einfach und kurz** sein!), will aber im Vorfeld gut überlegt und geübt sein. Er ist auch eher etwas für Menschen, die sich leicht tun damit, andere Menschen = Messebesucher **aktiv und ein bisschen provokant** anzusprechen.

Wenn Sie sich Ihren eigenen „individuellen Satz" überlegen – sprechen Sie ihn zum **Üben** unbedingt **laut** aus. Am besten vor Ihrer Familie oder vor Ihren Mitarbeitern. Damit Sie herausfinden, wie er klingt. Wie er ankommt. Ihn nur in Gedanken vor sich hinzusagen oder ihn nur aufzuschreiben, reicht nicht. Am Anfang können Sie sich auch einfach vor den Spiegel stellen und ihn sich selbst vorsagen. Denn er muss, wie geschrieben, wirklich **spontan und locker klingen**. Je mehr Sie üben, desto besser.

Es gibt noch eine **dritte Möglichkeit**, mit interessierten, stehengebliebenen Messebesuchern ins Gespräch zu kommen:

4.1.3 Die Aufforderung, etwas zu tun

Diese Variante eignet sich für alle, die eher introvertiert sind, für die die „aktive Besucheransprache" fast ein Graus ist. Doch wenn Sie jemanden auffordern, etwas zu tun – dann haben Sie einen „guten Aufhänger", mit Menschen fast von allein ins Gespräch zu kommen. Was Sie dafür brauchen? Etwas, was Sie Ihren Standbesucher tun lassen können! Er soll etwas **in die Hand nehmen**, etwas hochheben, etwas **schätzen**, etwas **riechen**, etwas **schmecken**, etwas anfassen, etwas **ausprobieren** ... die Möglichkeiten sind endlos.

Wichtig dabei ist jedoch auch hier die **offene Frage:**

Beispiel 1:

„Wie viel, schätzen Sie, wiegt dieser ....?" (Am Stand steht ein 6er-Pack-Wasserflaschen-Gebinde – um zu zeigen, was man dem Rücken, bei falscher Körperhaltung, zumutet, wenn man so ein Gewicht aus dem Kofferraum wuchtet).

Nicht: „Möchten Sie gerne wissen, wie viele dieser ... wiegt?"
(Geschlossene Frage!)

Beispiel 2:

„Wen würden Sie mitnehmen, wenn Sie bei unserem Gewinnspiel das Wellness-Wochenende gewinnen?"

Nicht: „Möchten Sie an unserem Gewinnspiel teilnehmen?"
(*Geschlossene Frage!*)

Beispiel 3:

„Welche Wandfarbe, denken Sie, passt besser zu einer Küche? (Am Bildschirm kann der Messebesucher dann verschieden farbige Wandfarben zu einem Bild einer Küche auswählen und die unterschiedliche Küchenatmosphäre erleben.)

Bemerkung: Manchmal „passt" auch eine geschlossene Frage, wie z.B. hier: „Möchten Sie gerne erleben, wie sich die Atmosphäre in dieser Küche verändert, wenn die Wand eine andere Farbe hat?" – das macht nämlich durchaus neugierig und verleitet zum Anklicken und Mitmachen ….

Denken Sie daran, dass jeder Mensch, Sie genauso wie ich, spontan viel eher Ja-/Nein-Fragen stellt und keine W-Fragen. Darum ist es wichtig, dass Sie sich auch bei dieser Variante Ihren Aufforderungs-Satz vor der Messe **überlegen** und **üben**.

4.2 Zielführende Messe-Gespräche

Wissen Sie, was bei guten Messe-Gesprächen das **Wichtigste** ist? Das Zuhören! Und zwar **Ihr Zuhören!**

Wissen Sie, was das **Schlimmste** ist, was Sie einem Messe-Besucher antun können? Ihn zutexten, ihn volllabern, ihn überfahren mit Ihrem ach-so-tollen-Angebot!

Aber der Reihe nach:

Sie haben bereits einen guten Anfang gemacht, indem Sie Ihren Messebesucher am Stand begrüßt haben, indem Sie eine **weiterführende W-Frage** gestellt haben.

4.2.1 Zuhören

Was nun kommt, ist wirklich schwierig: Hören Sie zu! **Hören Sie zu**, wie Ihr Besucher Ihre Frage beantwortet. Sagen Sie <u>nicht</u> gleich etwas wie: „Da hab' ich genau das Richtige für Sie!".

Nach der ersten W-Frage und der Antwort darauf – kommt am besten **noch eine W-Frage**. Und dann hören Sie wieder zu. Und vielleicht stellen Sie sogar noch eine dritte W-Frage – und hören wieder der Antwort zu.

Warum? Weil Sie durch solche Fragen erfahren, was der Besucher **wirklich sucht**. Welche **Probleme** er hat, die er **gelöst haben möchte**.

Beispiel 1: (Messestand mit Ketten)

„Ich sehe, Ihnen gefällt diese silberne Kette. Ja, die passt hervorragend zu Ihrem Typ. Für welchen Anlass möchten Sie sie gerne tragen?"

Antwort 1: Ah, nein, die ist nicht für mich, ich suche für eine Freundin ein Geschenk?

2.W-Frage: Was für ein Typ ist denn Ihre Freundin?

Antwort 2: So der dunkle, südländische Typ.

3.W-Frage: Jemand, der gerne kräftige Farben wie Schwarz, sattes Rot oder Türkis trägt?

Antwort 3: Ja, genau – sie kleidet sich gerne richtig auffällig.

Beispiel 2: (Masseur, Chiropraktiker, Matratzen-Hersteller)

„Wenn ich Sie so anschaue – kann es sein, dass Ihnen der Rücken weh tut? Woher kommt das?

Antwort 1: Ja, das stimmt! Allerdings hab' ich das schon ziemlich lange, ich weiß gar nicht, woher es eigentlich kommt.

2.W-Frage: Wo genau tut es Ihnen denn weh?

Antwort 2: Im oberen Rücken und Nackenbereich.

3.W-Frage (*Masseur, Chiropraktiker*): Darf ich Sie mal kurz anfassen?

3.W-Frage (*Matratzen-Hersteller*): Wie alt ist Ihre Matratze, auf der Sie schlafen?

Diese Art der Gesprächsführung hat **drei große Vorteile**:

- Sie müssen nicht ständig den gleichen Angebots/Verkaufstext abspulen – was nach der fünften Wiederholung sowohl langweilig wird für Sie als auch schädlich für Ihre Stimme ist

- Sie geben dem Messebesucher das Gefühl, dass Sie sich wirklich für ihn und seine Probleme / Anliegen / Wünsche interessieren

- Die Wahrscheinlichkeit, dass Sie dem Messebesucher dann tatsächlich das verkaufen, was er braucht / will / haben möchte, ist sehr hoch.

Wie schon vorher geschrieben, formuliert jeder automatisch viel eher Ja / Nein-Fragen als offene W-Fragen. So ist das auch mit guten Messegesprächen: Es fällt viel leichter und liegt scheinbar viel näher, einem potentiell interessierten Messebesucher einfach alle Ihre guten Argumente aufzuzählen und ihn so von Ihrem Angebot zu überzeugen. Doch das stimmt nicht!

Niemand, auch Sie nicht, möchte minutenlang zuhören, was ein Verkäufer einem erzählt. Jeder, auch Sie, will viel lieber **von sich selbst erzählen**, von seinen **Wünschen** und **Problemen** und **Anliegen**. Machen Sie als Aussteller dem Besucher diese Freude! Geben Sie ihm, was er will! Denn **je mehr Sie von ihm erfahren**, je mehr er Ihnen erzählt, was er wirklich will, desto eher können Sie ihm genau das für ihn **passende Angebot** machen. Das er dann gar nicht mehr ablehnen kann – weil es ja genau das ist, was er will!

Beispiel: Wenn ein potentieller Kunde Wert legt auf Langlebigkeit und Garantie – interessiert es ihn überhaupt nicht, dass es Ihr Angebot in rot, grün und blau gibt!

Sie tun sich überhaupt keinen Gefallen, wenn Sie alle guten Argumente aufzählen – die Ihren Besucher entweder nicht interessieren, oder, im schlimmsten Falle, langweilen und vertreiben.

Und bedenken Sie: Auch dieses Zuhören-Können will geübt werden, so wie der individuelle Satz.

4.2.2 Machen Sie aus guten Argumenten konkreten Nutzen

Zum Thema „gute Argumente" möchte ich Ihnen noch etwas ans Herz legen – und das gleich mit einem *Beispiel* verdeutlichen:

- Ich wohne ganz in Ihrer Nähe
- Sie zahlen keine Anfahrtskosten

Was, meinen Sie, ist für einen potentiellen Kunden wichtiger? Ganz klar, dass er keine Anfahrtskosten zahlt. Hier wurde aus einem Argument (geringe Entfernung zum Angebot) ein Nutzen gemacht (keine Anfahrtskosten). Kunden sind selbstsüchtige Wesen, Kunden interessiert nur, was sie für einen **Vorteil von Ihrem Angebot** haben. Was es ihnen bringt. Warum sie ausgerechnet bei Ihnen kaufen sollen. Sprich: Was sie für einen Nutzen haben.

Wie macht man nun aus Argumenten Nutzen?

Als erstes, in dem Sie aus sämtlichen Ich-Sätzen (Homepage, flyer, Werbebriefe etc.) **Sie-Sätze machen**. Schauen Sie gleich mal nach, wie viele Ich-Sätze in Ihren Werbemitteln stehen! Wenn Sie einen finden, dann versuchen Sie, ihn in einen „Sie-Satz" umzuformulieren.

Beispiel 1:

- Unser Familienunternehmen gibt es schon seit 25 Jahren. *(Ich / Wir / unser)*
- Nutzen Sie unsere 25-jährige Erfahrung! *(Sie)*
- Oder: Sie profitieren bei uns von 25 Jahren Kontinuität und Zuverlässigkeit! *(Sie)*

Beispiel 2:

- Ich wohne ganz in Ihrer Nähe *(Ich)*
- Sie zahlen keine Anfahrtskosten *(Sie)*

Folgende **Satzanfänge** können Ihnen dabei helfen, aus Ihren Ich-Sätzen nutzenorientierte Sie-Sätze zu formulieren:

- Das erleichtert Ihnen ...
- Das bringt Ihnen mehr ...
- Das senkt den ...
- Damit gewinnen Sie ...
- So ist es möglich ....
- Das bedeutet für Sie ....
- Das hat den Vorteil ...
- Das passt genau zu ....
- Das sichert Ihnen ...
- Damit erhöhen Sie ...

4.2.3 Abschließende Fragen

Diese nutzen-orientieren Sie-Informationen verwenden Sie in Ihrem Messegespräch, wenn Sie, nach den diversen W-Fragen, wissen, was Ihr Besucher möchte und Sie ihm ein konkretes und für ihn passendes Angebot machen. Solche **Sie-Sätze fassen den konkreten Nutzen** Ihres Angebots eindringlich **zusammen**!

Nun kommt die abschließende Hürde: Wie bringen Sie jetzt den Besucher dazu, dass er tatsächlich kauft? Oder, wenn das Ihr Messe-Ziel ist, dass er einen Beratungs-/Besichtigungs-Termin-vor-Ort mit Ihnen vereinbart?

Denken Sie nochmal zurück an das Beispiel vom „guten Kellner": Er frägt nicht, **ob** Sie ein Frühstücksei möchten, sondern **wie** Sie es haben wollen. Und genau das tun Sie jetzt auch – Sie stellen eine **Entweder-Oder-Frage**.

Beispiel 1:

„Wann passt es Ihnen besser, wenn ich bei Ihnen vorbei-komme: Am Donnerstag nächste Woche um 18.00 Uhr – oder am Samstag um 10.00 Uhr?"

Beispiel 2:

„In welcher Ausführung möchten Sie die Matratze – mit Federkern oder ohne?"

Beispiel 3:

„Welche Informationen brauchen Sie noch, bevor Sie sich entscheiden?"

4.2.4 Kritische Fragen

Sicherlich hat auch Ihr Angebot „Knackpunkte". Zum Beispiel, dass manche Mitbewerber es billiger anbieten. Oder es gibt ein anderes Produkt, das ähnlich funktioniert, in manchen Punkten möglicherweise sogar besser als Ihres. Oder dass Sie lange Lieferfristen haben. Was auch immer, irgendjemand findet immer **etwas zu meckern** ...

Aufgabe zum Tun:

Schreiben Sie einmal ganz ehrlich auf, was an Ihrem Angebot nicht optimal ist – im Vergleich zu Ihren Mitbewerbern. Was jemand an Ihrem Angebot bemängeln könnte. Und dann finden Sie Antworten darauf!

- Zum Beispiel könnten Sie mögliche Schwachpunkte tatsächlich beseitigen

- Oder Sie überlegen sich, wie Sie positiv auf solche „Angriffe" reagieren können

Beispiel 1: „Etwas ist (zu) **teuer**":

- Ja, das stimmt, das kann sich nicht jeder leisten. Das ist ein exklusives Angebot für anspruchsvolle Menschen.

- Das kommt darauf an, womit Sie das vergleichen; umgerechnet sind das pro Tag lediglich xxx Cent für Ihre Gesundheit / guten Schlaf.

- Gerne bieten wir Ihnen Ratenzahlung an – wären Ihnen 5 Raten à xx Euro oder 10 Raten à xx Euro lieber?

Beispiel 2: „Bei xxx bekomme ich aber außerdem ...":

- Ist Ihnen das wichtig? Gerne biete ich Ihnen das auch an.

- Das stimmt. Allerdings ....

Auch bei diesen „kritischen Fragen" ist es sinnvoll, sich **vor der Messe** bereits zu **überlegen**, wie Sie darauf antworten wollen.

Lassen Sie sich nicht „überraschen" und sich so in die Defensive bringen. Sie brauchen sich **nicht zu rechtfertigen** – es gibt **gute Gründe** für Ihren Preis und warum das Angebot so ist, wie es ist. Natürlich überlegen Sie, wie und wie weit Sie einem Kunden entgegen kommen können, um seine Wünsche zu erfüllen. Auch hier haben Sie sich vorher überlegt, wo Ihre Grenzen sind (z.B. beim Preis).

4.2.5 Wertschecks – damit Sie sich auch nach der Messe erinnern

Auf einer Messe ist viel los, viele Menschen am Stand, viele Gespräche, die Sie führen. Mit dem einen besprechen Sie dies, mit dem anderen das. Der eine will Informationsmaterial zugeschickt bekommen, der andere einen Besuchstermin vereinbaren, der dritte ein schriftliches Angebot ...

Damit Sie nicht den Überblick verlieren und auch nach der Messe noch wissen, was Sie mit wem besprochen haben, ist es hilfreich, sich Wichtiges aufzuschreiben. Das kann ein ganz normaler Block sein, auf dem Sie sich Notizen machen oder auch lose Blätter.

Es kann jedoch sinnvoll sein, für Ihre Gesprächsnotizen richtige „Kontaktbögen" vorzubereiten, DIN A 4-Blätter mit vorbereiteten Spalten, zum Ankreuzen oder Text eintragen. Das Ganze auf einem Klemmbrett mit Stift – und schon wissen Sie, wohin mit den Händen ....

So könnte ein Gesprächs-Blatt aussehen:

Datum:	Freitag, 12.4.13	Samstag, 13.4.13	Sonntag, 14.4.13
Mitarbeiter:	Hans Müller	Herbert Meier	Elisabeth Huber
Dauer des Gesprächs:	5 – 10 min.	10 – 15 min.	15 – 30 min
Kontaktart:	Stammkunde	Neu-Kontakt	Interesse an Mitarbeit
Sonstiges: _____			
Produktbereiche:	Produkt A	Produkt B	Produkt C
Prospekte:	ausgehändigt	zusenden	
Bemerkungen: _____			

Generell werden Notizen, die Sie bei einem Gespräch machen, durchaus als **wertschätzend** vom Messebesucher empfunden. Sicherheitshalber können Sie nachfragen, ob es für den Besucher in Ordnung ist, wenn Sie gleich ein bisschen mitschreiben, damit **nichts Wichtiges vergessen** wird.
Sinnvollerweise füllen Sie solche Gesprächsbögen **während des Gesprächs** aus, spätestens gleich daran im Anschluss. Nicht später – sonst wird es vergessen! Versuchen Sie, **leserlich** zu schreiben.

Hilfreich ist es auch, sich ein paar **weiterführende Notizen** zu der Person des Messebesuchers zu machen, sobald dieser den Stand verlassen hat. Zum Beispiel ein auffälliges optisches Merkmal („rote lockige Haare"), eine Eigenheit, die Ihnen aufgefallen ist (schwäbischer Dialekt / über 2 m groß / Pockennarben im Gesicht ...) – alles, was Ihnen dabei hilft, sich **später** auch noch an die Person zu **erinnern**, mit der Sie da gesprochen haben.

Je mehr Sie sich notieren, desto leichter wird es Ihnen dann fallen, sich nach der Messe wieder **in Erinnerung zu bringen** Schreiben Sie sich auch solche Sätze von Kunden auf: „Da muss ich noch d'rüber schlafen.", „Das muss ich erst mal ausmessen, ob das auch reinpasst.", „Da will ich mit meiner Frau d'rüber sprechen." etc. (*vgl. das 5. Kapitel: Erntezeit*).

4.2.6 Was Sie beim Gespräch am Messestand <u>nicht</u> tun sollten

- Dem Messebesucher direkt am Stand ein **Preisangebot** ausdrucken und mitgeben.

  o Messebesucher sind nicht dumm – mit so einem ausgedruckten Angebot lässt sich trefflich beim nächsten Anbieter auf der Messe der Preis drücken.

- o   Außerdem dauert so ein ausführliches Gespräch viel zu lange! Wenn es um konkrete Angebote geht, sollte Ihr Messe-Ziel immer ein persönlicher / Beratungstermin (vor Ort) sein nach dem Motto: „Dann haben wir mehr Zeit / Ruhe." Bzw. „Ich muss Ihre Örtlichkeiten sehen, um Ihnen ein konkretes Ange-bot machen zu können."

- Sich in „Ich-weiß-es-besser-Gespräche" verwickeln lassen.
  - o   Egal, ob Sie versucht sind, einem Messebesucher Ihr fundiertes Fach-Wissen zu zeigen oder ob ein Messebesucher Ihnen sein Wissen mitteilen möchte – beides ist **nicht zielführend**, sondern nur **zeitraubend**. Denken Sie an Ihre Messe-Ziele … Sie wollen nicht „Recht behalten" – sondern neue Kunden gewinnen. Umsatz machen. Und Sie wollen Ihre kostbare und teure Messe-Zeit sicher nicht damit verschwenden, einem Besserwisser zuzuhören …

- **Intensive Gespräche** führen, die länger als z.B. 10 Minuten dauern.

  - o   Auf der Messe geht es darum, mit vielen potentiellen Kunden ins Gespräch zu kommen. Sind Sie im Gespräch, können Sie parallel kein zweites führen. Bei zu langen Gesprächen werden viele potentielle Kunden weitergehen – sie sehen, dass Sie im Gespräch sind und wollen nicht stören.

  - o   Eine gute Lösung könnte sein, mit zwei oder drei Mitarbeitern am Stand zu sein.

4.2.7 Was Sie am Messestand generell nicht machen sollten

- Am Laptop arbeiten

    o Sie wirken „beschäftigt", vorbeigehende Messebesucher wollen Sie nicht stören und treten deshalb nicht näher

- Mit dem Handy telefonieren

    o Sie wirken „beschäftigt", vorbeigehende Messebesucher wollen Sie nicht stören und treten deshalb nicht näher

- Essen (Trinken ist ok!)

    o Mit vollem Mund kann man keinen freundlichen Begrüßungssatz sagen
    o Wenn Sie Hunger haben, machen Sie eine Pause, z.B. in der Cafeteria.

- Mit dem Rücken zu den Messebesuchern stehen

    o Einen Rücken spricht niemand an

- Auf einem (normalen) Stuhl sitzen

    o Vorbeigehende Messebesucher denken, wenn man Sie auf einem Stuhl sitzen sieht: „Der macht bestimmt g'rad Pause; da will ich nicht stören und der Grund sein, dass er aufstehen muss ... da geh' ich lieber weiter ..."
    - Sitzen Sie jedoch höher, wie z.B. auf einem Barhocker oder Stehstuhl, ist das eine gute Alternative: Ihr Rücken wird ein bisschen vom Stehen entlastet, Sie sind jedoch immer noch „auf Augenhöhe" mit den Messebesuchern.

- Nicht zum Angebot passende Kleidung tragen (z.B. locker-lässig in Jeans + Pulli vs. professionell-teures Angebot bzw. umgekehrt: Anzug+Krawatte bei „Bequemen Gesundheitsschuhen"

- Zu viel Personal am Stand

    - Wenn viele Ihrer Mitarbeiter gleichzeitig am Stand stehen, jedoch nicht so viel los ist, wirken diese Personen unbeschäftigt und gelangweilt; das macht keinen guten Eindruck. Viel schlimmer jedoch ist, dass vorbeigehende Messebesucher denken: „Wenn ich da jetzt stehen bleibe, werden die sich alle auf mich stürzen …" und lieber weitergehen.
    - Wenn Sie sehen, dass Ihre Mitarbeiter nichts zu tun haben, ist es besser, sie eine Pause machen zu lassen oder, noch besser, sie aufzufordern, zu Mit-Ausstellern Kontakte knüpfen, andere Stände zu besuchen und sich zu informieren, was andere Aussteller zu bieten haben

4.2.8 Letzte Tipps

- Lächeln Sie – auch mit den Augen

- Schauen Sie Ihren Gesprächspartner an; lassen Sie während eines Gesprächs nicht suchend die Augen schweifen und schauen Sie nicht auf die Uhr.

- Tragen Sie Kleidung, die Ihnen passt und in der Sie sich auch wohl fühlen.

- Vermeiden Sie zu hohe bzw. unbequeme Schuhe

- Am besten haben Sie sogar ein zweites Paar Schuhe zum Wechseln dabei

- Außerdem (wenn Sie eine Frau sind): Eine Ersatz-Strumpfhose, Ersatz-Bluse, Pflaster, Nagelschere oder Feile, Aspirin, Halsbonbons ...

- Trinken Sie viel; besser Wasser und Säfte als Kaffee; Sekt und Alkohol erst nach Messeschluss.

Aufgabe zum Tun:

Notieren Sie sich zu folgenden Fragen spontan ein paar Stichpunkte:

- Wie wollen Sie Ihre Standbesucher bei der nächsten Messe ansprechen? Wollen Sie etwas verändern im Vergleich zu Ihrer bisherigen Ansprache?

- Wie soll Ihr Standpersonal optisch wirken? (Kleidung, Haltung)
- Wie sind Ihre Messegespräche bisher verlaufen? Haben Sie die Messebesucher gefragt oder hauptsächlich selbst etwas erzählt?

- Welche W-Fragen könnten Sie Messebesuchern stellen, um herauszufinden, was von Ihrem Angebot der Messe-Besucher braucht?

- Was sollte auf Ihren Gesprächsnotizen stehen, um (leichter) nach der Messe wieder Kontakt mit diesem Menschen aufnehmen zu können?

5. Ernte-Zeit - Die Messe-Nacharbeit

So, nun ist die Messe vorbei – und jetzt?

Gar nicht gut wäre jetzt folgendes: Für zwei Wochen in den Urlaub zu fahren oder sofort anzufangen, das liegengebliebene Tagesgeschäft aufzuarbeiten.

Sicherlich hätten Sie sich jetzt eine kleine Pause verdient und auch die eingegangenen Mails wollen gelesen und beantwortet werden, Kunden warten auf einen Rückruf ...

Trotzdem:

Bitte planen Sie von Anfang an ein, dass ein Messe-Auftritt länger dauert als die reine Stand-Präsenz. Planen Sie mindestens noch zwei weitere Tage ein, die Sie für die Nacharbeit für die Messe benötigen. Warum?

Die Menschen, die Sie am Messe-Stand erlebt haben, wollen die von Ihnen versprochenen Informationen. Sie erwarten, dass der zugesagte Anruf für die Terminvereinbarung zügig kommt. Und zwar innerhalb von ein paar Tagen, je schneller, desto besser. Je mehr Zeit verstreicht, desto weniger werden sie sich an Sie erinnern. Oder aber sie werden ungehalten sein, weil Sie sie warten lassen.

Und das sind die Dinge, die Sie direkt nach der Messe erledigen sollten, am besten innerhalb von zwei bis vier Tagen:

- Alle gesammelten **Adressen** werden in Ihre Datenbank **eingepflegt**; optimalerweise mit den Gesprächs-Notizen der „Wertschecks" und auch am besten gleich eingestuft in **sinnvolle Kategorien** wie z.B. Produkt A, Neukunde, Frau .... Kategorien, die es Ihnen leichter machen, später sinnvolle und individuell-klingende Serien-Briefe oder -Mailings zu verschicken.

- Jede gesammelte Adresse bekommt einen **Brief**, ein **Angebot**, einen **Anruf** (je nachdem, was besprochen wurde. Und je mehr Sie sich auf Ihren Gesprächsnotizen aufgeschrieben haben, desto individueller können Sie werden, desto interessanter für Ihre Besucher).

- Planen Sie genügend **Zeit** für diese Tätigkeiten ein! Übrigens können Sie solche Dankes-Briefe bzw. Begleitbriefe für Infomaterial schon vor einer Messe **vor-formulieren**, zumindest in groben Zügen.

Und erst, wenn Sie diese Aufgaben erledigt haben, **erst dann** sollten Sie sich wieder Ihrem **Tagesgeschäft** widmen. Natürlich können Sie solche Aufgaben auch an einen Mitarbeiter oder eine Aushilfskraft delegieren; das sollte diese Person frühzeitig erfahren, damit sie sich Ihre anderen Aufgaben entsprechend einteilen kann.

Sie sehen, wie sinnvoll es ist, Adressen von Messebesuchern zu bekommen – nur so ist es für Sie möglich, in Kontakt zu bleiben. Wenn Sie Messebesuchern lediglich Ihre flyer in die Hand drücken, können Sie nur warten und hoffen, dass sie sich bei Ihnen melden …. Und wie oft werden flyer ganz schnell weggeworfen ….

Vertrauen Sie nun nicht darauf, dass diese Messebesucher, denen Sie ein Angebot oder Informationsmaterial geschickt haben, sich von alleine bei Ihnen melden werden. Briefe gehen verloren, Mails landen im Spam-Ordner, ganz andere Dinge beschäftigen den Empfänger, so dass Ihr Angebot einfach untergeht. Darum:

Rufen Sie **binnen 5 - 10 Tagen** wieder an und fragen nach, ob alles gut angekommen ist.

Ob es Fragen dazu gibt. Welche Informationen vielleicht noch fehlen. Wann Sie vorbei kommen sollen. Und so weiter. Nutzen Sie auch und vor allem für diese **Nach-Fass-Telefonate** Ihre **Gesprächsnotizen**. Denn durch Ihre Personenbeschreibung haben Sie wieder vor Augen, was das für ein Mensch ist, mit dem Sie da telefonieren, was für ihn wichtig ist, welche Argumente für ihn entscheidend sind …

Auch diese Informationen, die Sie in solchen Nachfass-Telefonaten bekommen, schreiben Sie auf – zu den Messe-Gesprächsnotizen oder, noch besser, zur Adresse in Ihrer Datenbank. Damit Sie auch später jederzeit Zugriff darauf haben. Sich darauf beziehen können. Denn je mehr Sie von einem potentiellen Kunden wissen, desto besser können Sie auf ihn eingehen und ihm genau das Angebot machen, das er wirklich haben will.

Nun stellt sich heraus, dass dieser potentielle Kunde Ihr Angebot zwar gut findet, aber ... noch nicht jetzt. Weil er es sich erst in einem halben Jahr leisten kann. Weil es ein Geburtstagsgeschenk werden soll. Weil der Entschluss erst noch reifen muss ....

Nun kommt die oben vorgeschlagene Einteilung der gesammelten Adressen in sinnvolle Kategorien ins Spiel, damit Sie folgendes machen können:

- Bringen Sie sich nach einiger Zeit (2 – 4 Monate) wieder in **Erinnerung.**

Per Brief, per Mail, am Telefon: Freundlich und vor allem mit einem Angebot oder einer Einladung, die diesen speziellen Menschen auch wirklich interessiert. Weil es um das Produkt geht, das er gerne haben möchte. Weil der Zeitpunkt für ihn nun der Richtige ist. Weil Sie ihn zu etwas einladen, das ihn interessiert.

Also nicht mit einem 0815-Standard-Mailing à la „Liebe Geschäftspartner, Kunden, und Interessierte ...".

Auch für diese Erinnerungsmailings und -briefe gelten die gleichen Regeln wie für Ihre Einladungen zum Stand: Der Empfänger soll sich individuell und persönlich angesprochen fühlen, er soll etwas bekommen, was für ihn von Vorteil und Nutzen ist (*siehe Punkt 2 „Die Messe-Einladung"*).

Um mit Ihren Messebesuchern und potentiellen Kunden weiter in Kontakt zu bleiben und sich immer wieder mal in angenehme Erinnerung zu bringen, gibt es viele Möglichkeiten:

- Gratulation zum Geburtstag, Hochzeitstag, zu Weihnachten, zu Ostern, zum „Tag des Buches" ….

- Einladungen zu (kostenlosen) Events: Kommende Messe-Auftritte, Vorträge, Gewinnspiele ….

- Erinnerungen an wichtige Termine: TÜV-fällig, Garantie läuft ab, Produkt muss aus gesetzlichen Gründen ausgetauscht werden ….

- Produkt-Neu- oder Weiterentwicklungen (Vorteile? Nutzen?)

- Preis- oder Rabatt-Aktionen

Denn: **Erfolgreiche Messegeschäfte finden meist erst <u>nach</u> der Messe statt!**

Das **„Hegen & Pflegen"** von Ihren Messe-Kontakten ist ein wichtiger Messe-Erfolgs-Faktor. Vor allem auch deshalb, weil viele klein- und mittelständische Unternehmen das noch nicht machen. Das heißt, auch damit können Sie sich wieder positiv von Ihren Mitbewerbern abheben! Und in Erinnerung bleiben.

Damit aus netten Messegesprächen auch konkrete Aufträge werden. **Damit sich Ihr Messe-Auftritt auch wirklich lohnt!**

Ich wünsche Ihnen dabei ganz viel Messe-Lust und vor allem: **Viel Erfolg!**

Ihre Christine Radwan

www.ingramcontent.com/pod-product-compliance
Lightning Source LLC
Chambersburg PA
CBHW021020180526
45163CB00005B/2036